Roh,
Jiwa,
dan Tubuh (II)

Kisah Dunia Rohani yang Dibentangkan di Angkasa!

Roh,
Jiwa,
dan Tubuh (II)

Dr. Jaerock Lee

Roh, Jiwa, dan Tubuh (II) oleh Dr. Jaerock Lee
Diterbitkan oleh Urim Books (Representative: Johnny. H. Kim)
235-3, Guro-dong 3, Guro-gu, Seoul, Korea
www.urimbooks.com

ISBN: 979-11-263-1335-8 03230
Diterjemahkan oleh Dr. Esther K. Chung. Digunakan dengan izin.

Diterbitkan pertama kali November 2012

Sebelumnya diterbitkan ke dalam bahasa Korea oleh Urim Books tahun 2010
Diedit oleh Dr. Geumsun Vin
Dirancang oleh Biro Editorial Urim Books
Untuk informasi lebih lanjut hubungi: urimbook@hotmail.com

Pendahuluan

Sejak saya menerima Yesus Kristus dan mulai membaca Alkitab, saya mulai berdoa untuk mengerti benar hati Allah. Allah menjawab saya setelah tujuh tahun doa dan periode puasa yang tak terhitung. Setelah saya membuka gereja, Allah menjelaskan kepada saya banyak ayat-ayat sukar dalam Alkitab melalui inspirasi Roh Kudus, Hanya salah satunya adalah isi terinci mengenai 'Jiwa, Roh, dan Tubuh'. Ini adalah kisah misterius yang membuat kita memahami asal-usul manusia dan memungkinkan kita untuk memahami diri kita sendiri. Ini adalah kisah dari apa yang saya tidak pernah bisa dengar di tempat lain, dan itu adalah sukacita saya yang besar yang tak tergambarkan.

Ketika saya menyampaikan pesan-pesan tentang roh, jiwa, dan tubuh, ada banyak kesaksian dan tanggapan baik dari dalam dan luar negeri Korea. Banyak yang mengatakan mereka menyadari diri mereka sendiri, memahami makhluk jenis apa mereka, dan menerima jawaban atas banyak bagian yang sulit dalam Alkitab serta memahami cara untuk memperoleh kehidupan yang sejati. Beberapa dari orang-orang mengatakan mereka sekarang memiliki tujuan untuk menjadi manusia roh dan berpartisipasi dalam kodrat ilahi Allah dan mereka berusaha untuk mencapainya seperti yang tercatat dalam 2 Petrus 1:4, yang berbunyi,"Dengan jalan itu Ia telah menganugerahkan kepada kita janji-janji yang berharga dan yang sangat besar, supaya olehnya kamu boleh mengambil bagian dalam kodrat ilahi, dan luput dari hawa nafsu duniawi yang membinasakan dunia.

Sun Tzu's The Art of War (Seni Berperang) mengatakan bahwa jika Anda mengenal diri sendiri dan musuh Anda, Anda tidak akan pernah kehilangan pertempuran apa pun. Pesan pada „Jiwa, Roh, dan tubuh" menjelaskan bagian-bagian yang mendalam dari ‚diri' kita dan mereka mengajar kita tentang asal-usul manusia. Setelah kita belajar dan memahami pesan ini secara menyeluruh, kita juga akan dapat memahami setiap jenis orang. Kita juga akan mempelajari cara-cara untuk mengalahkan kuasa kegelapan, yang telah mempengaruhi kita, sehingga kita dapat menjalani kehidupan Kristen yang berkemenangan.

Volume 2 Roh, Jiwa, dan Tubuh secara khusus akan menjelaskan tentang asal-usul Allah Pencipta, ruang rohani yang luas, dan ruang terang di mana roh kita akan berdiam. Ada beberapa gambar penuh warna untuk membantu Anda lebih memahami wujud dan ruang Allah. Setelah kita memahami rahasia ruang dan menjadi manusia roh keseluruhan, kita bisa melampaui keterbatasan manusia untuk menggunakan ruang Allah, dan kita bahkan bisa melihat rupa Allah. Itulah mengapa Yesus berkata dalam Yohanes 14:12, "Aku berkata kepadamu: sesungguhnya barangsiapa percaya kepada-Ku, ia akan melakukan juga pekerjaan-pekerjaan yang Aku lakukan, bahkan pekerjaan-pekerjaan yang lebih besar dari pada itu; sebab Aku pergi kepada Bapa.""

Saya ingin berterima kasih kepada direktur Geumsun Vin dan semua staf dari biro editorial. Saya berharap bahwa melalui buku ini, pembaca akan memiliki kualifikasi untuk masuk ke dalam ruang terang dan mengalami ruang Allah yang menakjubkan.

Maret 2010,

Jaerock Lee

Permulaan dari Perjalanan Roh, Jiwa, dan Tubuh yang Kedua

"Semoga Allah damai sejahtera menguduskan kamu seluruhnya dan semoga roh, jiwa dan tubuhmu terpelihara sempurna dengan tak bercacat pada kedatangan Yesus Kristus, Tuhan kita." (1 Tesalonika 5:23).

Hari ini, ruang cyber ini terbuka untuk siapa saja yang memiliki akses ke Internet, tetapi orang memanfaatkannya untuk tingkat yang berbeda sesuai dengan tingkat pengetahuan dan keterampilan yang mereka miliki terkait komputer dan internet. Demikian juga, sejauh kita memahami ruang Allah, kita dapat memahami keajaiban yang menakjubkan dalam Alkitab dan mengalami karya seperti Allah dalam kehidupan kita sehari-hari.

Alkitab member tahu kita banyak peristiwa di mana kita dapat memahami ruang Allah. Ketika Stefanus mati martir dengan dirajam, pintu gerbang surga dibuka dan ia melihat Anak Manusia berdiri di sebelah kanan Allah (Kisah Para Rasul 7:56). Hal ini dimungkinkan karena Allah membuka ruang langit keempat. Petrus dipenjarakan sementara memberitakan Injil, namun dibebaskan dengan bantuan para malaikat. Rasul Paulus memiliki pengalaman yang sama ketika ia dipenjara di Filipi. Tuhan membuka ruang dari surga ketiga untuk mengirim seorang malaikat perkasa yang melonggarkan rantai dan membuka gerbang.

Setelah kita menumbuhkan hati atas semua roh, kita akan dapat menggunakan ruang Allah di bumi ini dan tidak ada yang tak mungkin. Selanjutnya, kita akan menikmati hidup kekal dan berkat di Yerusalem Baru kelak. Di sisi lain, bagi seseorang yang belum sampai kepada roh secara penuh, ia perlu memenuhi ukuran keadilan untuk dapat memanfaatkan ruang Allah. Buku ini penuh dengan cerita-cerita yang tersebar di ruang roh yang tak terbatas.

Buku ini membantu pembaca untuk melakukan hal berikut:

1. Ini membantu mereka memahami kasih Allah yang membagi ruang, dimensi, serta cahaya dan kegelapan dalam pemeliharaan-Nya atas pengusahaan manusia untuk mendapatkan anak yang sejati. Ketika kita menerimaYesus Kristus dan bertindak dengan iman, kita dapat menikmati hak sebagai anak-anak terang dan masuk ke ruang terang yang indah.

2. Langit adalah ruang terang. Dibagi menjadi tempat kediaman yang banyak dari Firdaus hingga Yerusalem Baru. Kita akan hidup dalam Surga dalam tubuh surga yang sempurna. Kita akan menikmati khidup yang kekal dalam Surga yang dipenuhi oleh kebahagiaan dan sukacita, dan ini adalah hadiah Allah bagi kita.

3. Ini adalah kekuatan Allah saja yang bisa membuat kita anak-anak Tuhan yang sejati yang memiliki gambar Allah. Melalui kuasa Allah, kita bisa masuk ke ruang terang yang indah dan juga mengalami karya menakjubkan dan kuat melampaui keterbatasan manusia di bumi ini.

Daftar Isi

Roh, Jiwa, dan Tubuh (I)

Bagian 1 Pembentukan Daging

Bagian 2 Pembentukan Jiwa
(Operasi Jiwa dalam Ruang Jasmani)

Bagian 3 Memulihkan Roh

Bagian 1

Ruangan Jasmani yang Luas

Apa yang terjadi di Surga sebelum Hari Penciptaan?

Bagaimanakah Ruang Terang dan Gelap terbentuk?

"Dan inilah berita, yang telah kami dengar dari Dia, dan yang kami sampaikan kepada kamu: Allah adalah terang dan di dalam Dia sama sekali tidak ada kegelapan."
1 Yohanes 1:5

"Bagi Dia yang berkendaraan melintasi langit purbakala. Perhatikanlah, Ia memperdengarkan suara-Nya, suara-Nya yang dahsyat."
Mazmur 68:33

Bab 1

Gelap dan Terang

Ada cahaya dan kegelapan tidak hanya di dunia ini yang terlihat, tetapi ada ruang terang dan gelap dalam dunia rohani juga. Apa alasan bahwa Allah mengijinkan akan ruang kegelapan untuk ada dan Siapakah penguasa kegelapan?

Ruang Rohani yang Luas dan Allah Mula-Mula

Allah Merencanakan Pengusahaan Manusia

Allah Mula-Mula Menjadi Allah Tritnnggal

Allah menciptakan Malaikat dan Kerubim

Pemberontakan Lucifer yang Gagal

Rencana Allah dalam pemisahan Terang dan Gelap.

Ketika Anda masih kecil pernahkah Anda jatuh tertidur sambil menghitung jumlah bintang di langit? Saya percaya banyak dari Anda yang memiliki kenangan semacam ini. Ada begitu banyak bintang yang dapat dilihat dengan mata kita, tapi ada juga lebih banyak bintang yang tak terhitung yang tidak dapat dilihat. Seberapa besarkan alam semesta ini?

Bahkan dengan perkembangan sains, manusia tidak mampu untuk menghitung besar alam semesta yang sesungguhnya. Itu karena ruang luas yang tak berujung. Planet-planet seperti Bumi berkumpul untuk membentuk tata surya, dan banyak sistem surya dan benda-benda langit lainnya berkumpul bersama untuk membentuk galaksi. Beberapa jumlah galaksi lagi membentuk kelompok galaksi, dan kelompok galaksi membentuk mikrokosmos dan mikrokosmos-mikrokosmos membentuk alam semesta yang besar.

Ukuran tata surya kita dalam galaksi kita dipandang hanya sebagai sebuah titik kecil. Galaksi ini juga seperti titik belaka dibandingkan dengan ukuran alam semesta. Ini alam semesta fisik saja tidak dapat diukur dengan peralatan ilmiah yang paling canggih. Namun, dibandingkan dengan ruang rohani, itu juga hanya berupa bagian yang sangat kecil.

Selain ini alam semesta jasmani yang kita lihat, ada ruang rohani yang membentang tanpa henti dalam dimensi lain. Alkitab menyebutkan jumlah 'langit'.

Ulangan 10:14 tertulis,"Sesungguhnya, TUHAN, Allahmulah yang empunya langit, bahkan langit yang mengatasi segala langit, dan bumi dengan segala isinya;" dan Nehemia 9:6 tertulis, "Hanya Engkau adalah TUHAN! Engkau telah menjadikan langit, ya langit segala langit dengna bala tentaranya, dan bumi dengan segala yang ada diatasnya, dan laut dengan segala yang ada di dalamnya. Engkau memberi hidup kepada semuanya itu dan bala tentara langit sujud menyembah kepada-Mu."

Bagaimana bisa ada begitu banyak langit, dan apa yang terjadi dalam langit sebelum penciptaan dunia ini? Mari kita kembali ke waktu sebelum penciptaan dunia ini. Yaitu sebelum alam semesta dan galaksi yang kita ketahui ada. Alam semesta dahulu tidaklah sama dengan alam semesta kita sekarang. Dulu hanyalah sebuah ruang yang besar tanpa perbedaan antara ruang jasmani dan rohani.

Ruang Rohani yang Luas dan Allah Mula-Mula

Ruang rohani yang luas merujuk pada alam semesta asli secara keseluruhan. Itu adalah ruang ini yang sebenarnya Allah pendam sebelum zaman dimulai. Di sini, 'Allah mula-mula' merujuk kepada Allah,. yang hidup sebagai terang dan suara sebelum penciptaan. Alam semesta yang mula-mula merujuk kepada alam semesta di mana Allah mula-mula hidup seorang diri.

Seperti apakah rupa Allah yang sebenarnya? Bayangkan terang yang begitu indah memenuhi alam semesta yang luas tanpa batas, dan terang itu hebat dan berombak-ombak seperti gelombang. Seperti 1 Yohanes 1:5 berkata, "Allah adalah Terang," Tuhan membentangkan semuanya di seluruh alam semesta mula-mula dalam bentuk terang yang indah dan cemerlang.

Aurora membantu kita memahami bentuk Allah yang sebenarnya. Aurora tampak di langit dekat daerah Kutub. Biasanya memiliki warna merah, biru, kuning, hijau terang, atau merah muda yang indah. Dikatakan bahwa terang aurora begitu indah sehingga siapa yang melihatnya tidak akan pernah dapat melupakah keindahannya.

Roma 1:20 berkata, "Sebab apa yang tidak nampak daripada-Nya yaitu kekuatan-Nya yang kekal dan keilahian-Nya, dapat nampak kepada pikiran dari karya-Nya sejak dunia diciptakan, sehingga mereka tidak dapat berdalih." Allah telah menciptakan terang seperti aurora sehingga kita dapat memahami penampilan Allah sebenarnyaketika kita bertanya-tanya tentang Allah yang sebenarnya.

Allah mula-mula memilki suara penuh keagungan yang murni dan jernih dalam terang yang bergelombang seperti ombak. Apakah Anda pernah mendengar bisikan seperti suara kumpulan angin sepoi-sepoi yang lembut? Dalam angin yang datang dari laut, Anda dapat mendengar suara lembut dalam ombak. Sama dengan cara suara itu dibawakan dalam angin, suara itu berbunyi dari terang sebenarnya itu sendiri. Sebagai suara yang dibawa oleh angin, suara asli itu menyebar bersama dengan terang sebenarnya ke seluruh alam semesta ketika merengkuhnya di saat yang sama.

Bagaimanapun, jika Anda mendengar suara Allah bahkan meskipun walau satu kali, Anda tidak akan pernah dapat melupakan suara itu. Saya mendengarnya beberapa kali, dan suara itu begitu penuh keagungan, murni, dan jernih. Itu berarti suara itu begitu hebat dan murni. Suara Allah dalam kenyataannya sangat jernih dan murni, manis, dan begitu penuh keaguangan yang mampu memukul seluruh alam semesta.

Yohanes 1:1 berkata, "Pada mulanya adalah Firman, Firman itu bersama-sama dengan Allah dan Firman itu adalah Allah".

Firman ini yang pada mulanya adalah suara sebenanya yang berbunyi dari dalam terang yang sebenarnya. Ayat di atas menyatakanAllah sebagai „Firman" yang merupakan esensi, bukan pada bentuk Allah, yaitu terang. Firman adalah isi, dan Allah adalah nama yang diberikan pada isi tersebut. Jadi, esensi akan Allah adalah 'Firman', dan keberadaan-Nya dalam bentuk terang dan suara yang memenuhi seluruh alam semesta.

Allah Merencanakan Pengusahaan Manusia

Pada titik tertentu dalam garis waktu yang tak terbatas, Allah yang yang hidup sendirian telah merencanakan 'pengusahaan manusia':

'Bagaimana jika ada seseorang yang dapat mengetahui tentang alam semesta yang luas dan hati Ku, dan berbagi kasih denganKu? Bagaimana jika ia dapat memahami dan menerima hati dan perasaanKu yang Aku bagi kepadanya dan ia dapat memberikan hatinya bagiKu? Betapa bahagia dan bercukacitanya!"

Allah ingin makhluk lain yang mana Dia dapat berkomunikasi dan berbagi segala sesuatu di alam semesta. Secara khusus, Allah menginginkan makhluk yang mana Dia dapat berbagi kasih-Nya. Allah menciptakan rencana 'pengusahan manusia' dengan keinginan untuk memulai pekerjaan baru untuk mendapatkan anak-anak-Nya yang sejati.'

Apa yang Anda pikirkan tentang apa yang Allah pertama kali lakukan mengenai rencana akan pengusahaan manusia? Allah mula-mula hidup sebagai terang yang menyebar ke seluruh alam semesta, tetapi kemudian Dia bersatu di puncak dunia rohani dan jadi memiliki bentuk sebagai cahaya. Saat Ia menjadi satu cahaya, dimensi-dimensi berbeda di langit pun dibentuk. Langit memiliki arti yang sama dengan ruang dalam alam semesta. Pada awalnya, hanya ada satu alam semesta yang asli, tetapi Allah mula-mula bersatu dan melekat menjadi satu cahaya, ruang yang berbeda dalam alam semesta dibuat. Itu karena sebagai cahaya yang tersebar di seluruh alam semesta berkumpul dan dipusatkan di puncak dunia rohani, ruang berbeda yang dibuat sesuai dengan kecemerlangan cahayanya.

Di masa lalu, kecemerlangan cahaya adalah sama di mana-mana di alam semesta yang semula, tapi sekarang, puncak dari dunia rohani menjadi paling cemerlang. Misalnya, jika Anda menempatkan 10.000 lampu merata di sebuah aula, kecemerlangan akan sama diseluruh penjuru aula tersebut. Tapi apa yang akan terjadi jika Anda menempatkan satu lampu, yang kecemerlangannya adalah sama dengan 10.000 lampu, di tengah-tengah aula? Semakin dekat ke daerah pusat, akan semakin terang cahaya itu, dan kebalikannya adalah sesuai dengan kenaikan jarak. Demikian pula, ketika terang yang semula menjadi satu terang yang ringkas, ruang yang berbeda diciptakan sesuai dengan perbedaan kecemerlangan dalam ruang.

Cahaya asli adalah cahaya rohani, dan saat kecemerlangan cahayanya berubah, kepadatan rohani juga berubah. Ketika terang yang semula ada bersama sebagai satu terang yang ringkas, kecemerlangan cahaya dan kepadatan roh menjadi berkurang saat jarak dari sumbernya membesar. Jadi, alam semesta mula-mula sebelumnya hanya ada sebagai satu ruang dikategorikan menjadi empat semesta yang berbeda sesuai dengan kecemerlangan terang dan kepadatan rohnya. Allah menyebut mereka langit yang pertama, kedua, ketiga, dan keempat.

Tempat di mana Allah mula-mula bersatu sebagai satu cahaya adalah tempat yang sangat istimewa yang ada di langit keempat.

Oleh karena itu, terang yang paling cemerlang ada di langit keempat, dan begitu juga kepadatan roh. Langit ketiga memiliki kecemerlangan cahaya dan kepadatan roh kurang daripada langit keempat, dan begitu juga halnya dengan langit kedua. Dunia rohani terdiri dari langit kedua hingga langit keempat. Langit pertama adalah alam jasmani yang kita lihat dengan mata kita. Ini adalah alam di mana sifat roh hampir sepenuhnya diambil ketika Allah bersatu sebagai satu terang, dan dengan demikian alih-alih diisi roh ruang ini diisi sifat daging.

Dalam ruang jasmani, jika Anda memotong ruang tertentu menjadi empat bagian, masing-masing ruang lebih kecil daripada yang asli. Tetapi tidak demikian halnya dengan ruang rohani. Hal ini karena tidak ada batas dalam ruang rohani. Ketika alam semesta yang luas tak terbatas dibagi menjadi empat, itu adalah empat alam semesta yang luas tanpa batas. Oleh karena itu, meskipun alam semesta mula-mula dibagi menjadi empat langit, tidak ada batas terhadap masing-masing langit. Tidak hanya Langit Kedua, Ketiga, dan Keempat, tetapi Langit Pertama yang adalah dunia kedagingan pun tidak memiliki batas.

Tuhan membuat langit berbeda-beda sesuai dengan penggunaannya. Pertama, Allah memisahkan Langit Pertama untuk mengaturnya sebagai tempat bagi pengusahaan manusia. Langit Kedua telah disiapkan sebagai ruang bagi roh-roh kegelapan yang diperlukan untuk pengusahaan manusia. Tetapi juga bagi Adam yang diciptakan sebagai roh yang hidup. Langit Ketiga dipisahkan untuk membangun kerajaan surga di mana gandum baik yang akan diperoleh melalui pengusahaan manusia yang akan masuk. Akhirnya, Langit Keempat adalah ruang bagi Allah Tritunggal. Itu semua dalam dimensi yang sama seperti alam semesta yang digunakan untuk menjadi satu ruang mula-mula.

Ketika alam semesta mula-mula pertama kali dipisahkan

menjadi empat langit, langit-langit tersebut belum diisi dengan apa pun . Tapi bukan berarti mereka sepenuhnya kosong. Ada bintang yang tak terhitung di alam semesta mula-mula. Dalam Langit Pertama, Bumi kita, sistem tata surya dan galaksi kita belum diciptakan. Dalam Langit Ketiga, kerajaan surga belum diciptakan. Itu hanyalah ruang yang tersedia untuk menciptakan kerajaan surga. Setelah pemisahan ruang ini, Allah mulai mengisi ruang-ruang ini dengan penciptaan-Nya.

Allah Mula-Mula Menjadi Allah Tritunggal

Setelah melekat menjadi satu cahaya, Allah pertama-tama memisahkan Dirinya menjadi tiga cahaya. Di sini, ketika berkata bahwa ‘satu cahaya dibagi menjadi tiga cahaya, ini bukan seperti satu bongkah bentuk yang dibagi ke dalam tiga bagian. Hal ini lebih seperti dua atau lebih terang identik dikeluarkan dari dalam terang yang asli. Meskipun cahaya yang mula-mula dipisahkan menjadi tiga, ketiganya tidaklah terpisah atau berbeda, tetapi mereka sama seperti yang semula.

Terang yang mula-mula ada sebagai satu, dan dua terang lainnya diciptakan secara baru. Setelah menjadi tiga terang, terang itu mengenakan bentu seperti manusia tersebut. Allah Tritunggal merujuk kepada Allah Bapa, Allah Anak, dan Allah Roh Kudus. Setelah Allah Mula-Mula dibagi menjadi Allah Tritunggal, masing-masing Tritunggal mengenakan tubuh rohani, yang sedikit berbeda dari masing-masing. Tetapi roh di dalam tubuh rohani dari Allah yang mula-mula yang sama, sehingga bisa dikatakan bahwa Tiga dalam Satu semua memiliki hati, pikiran, kuasa, dan hikmay yang sama.

Itulah mengapa kita merujuk kepada Allah Bapa, Allah Anak Allah Roh Kudus sebagai Tritunggal. Allah Tritunggal pertama menciptakan hal-hal yang penting bagi ruang di mana Allah berdiam. Ketika Allah hidup sendirian sebagai terang dan suara disebarkan dalamnya, Ia tidak butuh tempat untuk berdiam. Tetapi karena Dia sekarang memiliki bentuk, Ia membutuhkan suatu tempat untuk berdiam.

Karena Allah Tritunggal tinggal dalam Langit Keempat, Ia dapat saja mengenakan suatu wujud atau tidak. Ia dapat mengubah bentuk-Nya seperti yang Ia inginkan dalam Langit Keempat, dan karena Ia terkadang mengenakan suatu bentuk, ada tempat berdiam di sana. Allah selalu memiliki bentuk dalam Langit Ketiga yang juga memuat kerajaan surga, dan Ia menciptakan tempat berdiam bagi Diri-Nya di sana. Allah juga mulai menciptakan makhluk-makhluk rohani yang akan melayani-Nya.

Allah menciptakan Malaikat dan Kerubim

Ada dua jenis makhluk rohani yang Allah ciptakan; mereka adalah 'malaikat' dan 'Kerubim', malaikat yang hampir sama dalam wujudnya seperti manusia kecuali bahwa ia memiliki sayap (Wahyu 14:6). Manusia diciptakan dalam gambaran Allah, begitu juga dengan malaikat (Markus 16:5). Hanya saja bahwa malaikat hanya memiliki gambar luar Allah sedangkan manusia memiliki gambar luar serta hati Allah.

Bagaimanakah ukuran malaikat? Ada malaikat-malaikat yang serupa seperti manusia. Bagaimanapun, ada malaikat yang begitu kecil dan begitu juga malaikat-malaikat besar. Mereka memilikii bentuk dan karakteristik menurut peran mereka.

Contohnya, jika ada malaikat yang berperan sebagai jenderal pasukan, malaikat berbentuk maskulin akan lebih tepat. Untuk menari dan bernyanyi, malaikat yang feminin akan lebih tepat. Tentu saja, itu tidak berarti bahwa tidak ada malaikat maskulin yang menari. Seperti halnya ada penari laki-laki di dunia ini dan mereka memainkan peran mereka, ada juga malaikat seperti laki-laki. Namun, keberadaan mereka sebagai malaikat maskulin atau feminin dalam penampilan atau karakter tidak berarti mereka memiliki jenis kelamin. Ini hanya berarti bahwa penampilan mereka dan perilaku yang dirasakan seperti laki-laki atau perempuan.

Malaikat melayani Allah dan menggenapi kewajiban mereka sesuai perintah Allah. Ada banyak jenis kewajiban, dan ada begitu banyak malaikat yang tak terhitung jumlahnya.

Dan semua malaikat berdiri mengelilingi takhta dan tua-tua dan keempat makhluk itu; mereka tersungkur di hadapan takhta itu dan menyembah Allah, (Wahyu 7:11).

Dan aku melihat seorang malaikat lain yang kuat turun dari sorga, berselubungkan awan, dan pelangi ada di atas kepalanya dan mukanya sama seperti matahari, dan kakinya bagaikan tiang api. (Wahyu 10:1).

Bukankah mereka semua adalah roh-roh yang melayani, yang diutus untuk melayani mereka yang harus memperoleh keselamatan? (Ibrani 1:14).

Di antara mereka, sementara ada malaikat yang diberi tugas unik dalam dunia rohani, ada juga malaikat lain yang melayani anak-anak Allah di bumi. Jumlah malaikat yang ditugaskan untuk setiap orang percaya akan berbeda sesuai dengan sejauh mana setiap orang dikuduskan untuk menjadi manusia roh atau roh yang penuh. Hirarki antara malaikat diatur dan dijaga ketat sesuai dengan hirarki rohani tuan mereka. Ada juga malaikat-malaikat yang ditugaskan untuk masing-masing individu baik dia seorang percaya atau tidak. Ada malaikat-malaikat yang mencatat setiap kata dan tindakan masing-masing orang yang hidup di bumi ini.

Sementara malaikat memiliki gambar manusia, ada kerubim yang memilik bentuk seperti bermacam-macam hewan. Kerubim-kerubim tersebut yang memiliki kewajiban mengiringi Allah memiliki bentuk hewan-hewan yang berbeda seperti singa, elang, dan sapi atau lembu jantan. Mazmur 18:10 tertulis, "Ia mengendarai kerub, lalu terbang dan melayang di atas sayap angin."

Naga, yang orang anggap adalah binatang imajiner, pada kenyataannya digunakan menjadi salah satu kerub. Naga adalah hal pertama yang Allah ciptakan yang begitu indah dan dikasihi, dan itu seperti hewan peliharaan bagi Allah. Memiliki bulu lembut dan tangan dan kaki, serta berbagai warna yang indah yang indah melampaui apa yang bisa dibayangkan. Naga adalah pemimpin kerub dan memiliki kuasa dan dan sumber yang luar biasa. Mereka memiliki sejumlah besar utusan di bawah kendali mereka.

Di antara kerub ada 'empat makhluk'. Mereka tampak seperti benda padat dari besi dengan warna yang gelap. Keempat makhluk ini membwa bencana dan penghukuman yang diperintahkan Allah. Mereka memperlihatkan martabat dan kuasa Allah. Mereka memiliki satu kepala, tetapi empat wajah yang bermuka manusia, singa, anak sapi dan elang. Mereka tampak seolah-olah empat orang yang berdiri dengan punggung mereka menghadap ke arah dalam dan wajah mereka menghadap ke luar. Di ruang tengah adalah api yang naik dan turun. Seluruh tubuh mereka dipenuhi mata dan mereka melihat segalanya.

Ketika Allah menciptakan malaikat dan kerub, Ia tidak memberi mereka kehendak bebas seperti yang diberikan kepada manusia. Mereka hanya akan taat pada perintah Allah yang diberikan menurut tatanan. Bahkan hari ini Allah memerintah seluruh semesta melalui para malaikat dan kerub ini.

Dunia Rohani Teratur Dengan Baik dan Sangat Sistematis

Alkitab juga menyebutkan tentang penghuni surga dan para malaikat. Lukas 2:13 berkata, "Dan tiba-tiba tampaklah bersama-sama dengan malaikat itu sejumlah besar bala tentara sorga yang memuji Allah, katanya:" Penghuni surga adalah bala tentara Allah.

1 Tesalonika 4:16 berkata, "Sebab pada waktu tanda diberi, yaitu pada waktu penghulu malaikat berseru dan sangkakala Allah berbunyi, maka Tuhan sendiri akan turun dari sorga dan mereka yang mati dalam Kristus akan lebih dahulu bangkit;" Fakta bahwa ada penghulu malaikat memberi tahu kita bahwa ada tatanan dalam dunia malaikat.

Para penghulu malaikat dalam setiap aspek bertindak seperti tangan dan kaki serta mata dan telinga Allah. Mereka juga menerima perintah dan membuat laporan kepada Allah secara langsung. Di bawah para penghulu malaikat ini ada semacam kementrian, ada malaikat yang tak terhitung jumlahnya yang mendukung mereka. Malaikat-malaikat ini tidak mengarahkan semua malaikat di bawah mereka, mereka memiliki kepala malaikat lainnya untuk mengelola unit malaikat tertentu. Dalam sistem ini, ketika perintah diberikan, itu dikirim dengann tepat, dan semua laporan sempurna tanpa cacat. Meskipun ada banyak langkah, proses ini dilakukan dengan cepat.

Allah dapat memerintah semua dan mencari setiap orang di bumi ini dari tahta-Nya akibat peran dari para malaikat. Tentu saja, Allah adalah Mahakuasa dan Ia dapat mencari segala sesuatunya sesuai dengan keinginan-Nya. Meskipun demikian, malaikat melaporkan kepada Allah apa yang mereka lihat dan memeriksanya secara langsung. Dengan cara ini, para malaikat akan tidak hanya sebagai pelapor, tapi juga saksi atas laporan mereka. Ini menambahkan lebih lagi terang keadilan pada Penghakiman Allah, ketika Ia menghakimi sesuatu.

Sebagai contoh, kita dapat berbicara tentang penghukuman yang dijatuhkan pada Sodom dan Gomora. Kejadian 19:1 berkata, "Kedua malaikat itu tiba di Sodom pada waktu petang." Allah mengirimkan malaikatNya untuk mencari sekali lagi sebelum Ia menghukum Sodom dan Gomora. Dan orang-orang di sana menunjukkan tindakan pemberontakan. Artinya, mereka mencoba untuk menyakiti bahkan para malaikat ini. Secepatnya, Allah menghukum Sodom dan Gomora dengan api.

Beberapa di antara malaikat yang terkenal adalah Gabriel dan Mikhael. Gabriel adalah pengirim pesan yang muncul untuk mengirimkan pewahyuan khusus atau firman Allah. Ia besar dan agung, dan mengenakan jubah dengan lengan baju yang besar, yang dapat memuat pewahyuan Allah. Sama seperti seorang mentri yang mengantarkan perintah raja memiliki simbol, Gabriel juga memakai jubah yang memiliki pola yang seperti stempel kerajaan.

Malaikat Mikhael seperti kepala pasukan, dan ia memiliki kehormatan dalam matanya. Ia menggunakan baju zirah ikat pinggang mengelilingi pinggangnya yang dapat menahan banyak jenis senjata di dalamnya. Memiliki senjata dalam dunia rohani berarti bahwa Allah telah memberikan kepada dirinya otoritas untuk bertarung akan peperangan rohani. Simbol senjata yang berbeda akan dikeluarkan sesuai dengan seberapa dahsyat peperangan yang dialami.

Ada juga dua penghulu malaikat yang berukuran sangat besar.

mereka memiliki gambaran feminin dan kuasa serta otoritas besar. Mereka biasanya tidak tersenyum. Jika mereka muncul, pekerjaan Allah yang besar akan menyertai menemani mereka. Mereka begitu tinggi bahkan jika mereka diam dalam suatu gedung yang beratap tinggi, Anda dapat melihat ujung jubah mereka. Kita tidak bisa mengukur seberapa tinggi mereka ini, karena dunia rohani memiliki konsep yang sama sekali berbeda dari pengukuran dari dunia jasmani.

Tiga Malaikat yang Menjadi milik Allah Secara Langsung

Selain malaikat yang banyak, Allah menciptakan beberapa malaikat di bawah kendali langsung-Nya yang akan melayani-Nya secara pribadi. Mereka adalah tiga malaikat yang salah satunya adalah Lucifer. Mereka memiliki posisi dan martabat seperti malaikat lainnya, tetapi mereka memiliki otoritas yang sangat khusus.

Secara umum, makhluk rohani tidak diberi kehendak bebas. Mereka hanya mampu menaati Allah tanpa syarat. Tetapi bagi ketiga malaikat ini yang menjadi milik Allah secara langsung, dengan pengecualian Allah memberi mereka sifat kemanusiaan dan kehendak bebas, yang hanya dapat dimiliki manusia. Allah menciptakan mereka untuk memiliki sifat kemanusiaan dan berbagi kasih dengan-Nya meskipun mereka tidak bisa benar-benar menjadi seperti anak-anak Allah yang diperoleh melalui pengusahaan manusia. Allah mengizinkan bagi mereka untuk melayani-Nya dengan hati mereka dan berbagi perasaan sukacita dan kebahagiaan dengan-Nya dengan kehendak bebas mereka.

Ketiga malaikat ini memiliki penampilan feminin, dan mereka punya hati lembut, penurut, dan baik. Kata-kata yang keluar dari mulut mereka dipenuhi dengan aroma yang baik, dan perilaku mereka elegan. Tetapi masing-masing dari mereka memiliki sedikit perbedaan dalam karakter. Lucifer memiliki karakter yang lebih kuat dibandingkan dengan keduanya. Lucifer bertanggung jawab atas musik, dan dia menyenangkan Allah dengan suara dan instrumen musik yang indah. Allah begitu disenangkan dengan pujian dan kasihnya yang begitu besar.

Suatu kali, Allah menunjukkan Lucifer kepada saya. Dia mengenakan gaun besar dan indah yang dihiasi dengan batu permata yang berharga. Rambutnya dihiasi dengan permata menggantung ke bawah yang berada dalam keselarasan sempurna dengan rambut pirangnya. Dia memainkan alat musik yang megah. Suara denting dari batu permata dan suara pujian berbaur bersama-sama dan menyebar seperti angin yang akan bertiup. Suara itu naik kepada Allah dan itu sangatlah indah.

Tapi karena dia sangat dicintai oleh Allah dan menikmati kuasa besar untuk waktu yang lama, kesombongan mulai tumbuh dalam pikirannya. Saat ia melihat semua hal yang Allah lakukan dan otoritas-Nya yang besar untuk memerintah dunia rohani secara keseluruhan, dia iri akan hal itu. Kesombongan tumbuh dalam pikirannya sehingga ia berpikir ia akan dapat menjadi lebih hebat daripada Allah. Akhirnya, ia membuat suatu rencana untuk meninggikan dirinya sendiri lebih tinggi dari Allah dan mulai untuk mengumpulkan pasukannya.

Lucifer memiliki kuasa yang besar sehingga ia pertama-pertama mengumpulkan para malaikat di bawah kuasanya. Bersama dengan para malaikat yang tak terhitung jumlahnya, ia juga menarik naga-naga dan banyak kerub yang berada di bawah kendalinya. Dia memikat mereka dengan berpura-pura bahwa ia sedang melakukan misi rahasia untuk Allah.

Pemberontakan Lucifer yang Gagal

Allah mengetahui pikiran Lucifer dan memberikannya kesempatan untuk kembali. Ia memberi tahu Lucife tentang konsekuensi atas pemberontakan dalam usaha Allah untuk membuatnya dia melihat langsung pada kenyataan. Tetapi. kesombongan telah diam dalam pikiran Lucifer, dan ia tidak membuangnya. Lucifer memberontak melawan Allah dan telah dikalahkan. Dia diusir bersama dengan makhluk-makhluk rohani yang mengikutinya dan dikurung dalam Jurang, atau dikenal sebagai 'jurang maut tanpa dasar'.

Yesaya 14:12-15 menjelaskan tentang pemberontakan dan kekalahan Lucifer serta hasil akhirnya:

Wah, engkau sudah jatuh dari langit, hai Bintang Timur, putera Fajar! Engkau sudah dipecahkan dan jatuh ke bumi, hai yang mengalahkan bangsa-bangsa! Engkau yang tadinya berkata dalam hatimu: Aku hendak naik ke langit, aku hendak mendirikan takhtaku mengatasi bintang-bintang Allah, dan aku hendak duduk di atas bukit pertemuan, jauh di sebelah utara. Aku hendak naik mengatasi ketinggian awan-awan, hendak menyamai Yang Mahatinggi!'" Sebaliknya, ke dalam dunia orang mati engkau diturunkan, ke tempat yang paling dalam di liang kubur."

Alkitab juga menulis tentang para malaikat yang mengikuti Lucifer. 2 Petrus 2:4 berkata, "Banyak orang akan mengikuti cara hidup mereka yang dikuasai hawa nafsu, dan karena mereka Jalan Kebenaran akan dihujat...." Yudas 1:6a juga berkata "Dan bahwa Ia menahan malaikat-malaikat yang tidak taat pada batas-batas kekuasaan mereka, tetapi yang meninggalkan tempat kediaman mereka, dengan belenggu abadi di dalam dunia kekelaman sampai penghakiman pada hari besar..."

Kejadian 1:2 juga berbicara tentang apa yang terjadi di alam roh sebelum penciptaan dunia ini. Yang berisi, "Bumi belum berbentuk dan kosong; gelap gulita menutupi samudera raya, dan Roh Allah melayang-layang di atas permukaan air".

Ayat ini memiliki arti rohani dan jasmani. Ini menerangkan apa yang terjadi di alam rohani serta hal-hal yang terjadi di dunia jasmani.

Secara rohani, dikatakan „bumi belum berbentuk" menandakan bahwa tatanan rohani sesaat terganggu akibat pemberontakan Lucifer. Simbol-simbol 'bumi 'dunia kegelapan dikendalikan oleh Lucifer. Karena Lucifer dan makhluk-makhluk yang mengikutinya melanggar tatanan yang ditetapkan oleh Allah, dikatakan bahwa bumi itu tak berbentuk. Berikutnya dikatakan bahwa bumi itu 'kosong'. Ini mengungkapkan hati Allah setelah Dia dikhianati oleh Lucifer yang telah begitu sangat Ia cintai.

Namun pemberontakan itu segera ditekan dan roh-roh jahat dikurung di bagian terdalam dari neraka, Jurang yang teramat sangat dalam. Hal ini diungkapkan dalam kalimat, „gelap gulita menutupi samudera raya." Allah membawa ketertiban dan perdamaian kembali dengan menempatkan kuasa kegelapan dalam jurang maut, dan ini dijelaskan dalam kalimat, „Roh Allah melayang-layang di atas permukaan air"

Allah menciptakan Bumi di Langit Pertama

Ketika Bumi pertama kali diciptakan, kodisinya tidak sama dengan kondisi sekarang. Ada aktivitas seismik, letusan gunung berapi, serta gerakan lempeng dan kerak bumi. Ada begitu banyak jenis aktivitas terjadi di atmosfir.

Dengan demikian, kondisi tidak stabil bumi ini dijelaskan

dalam kalimat, „...bumi belum berbentuk dan kosong;." Ayat berikutnya berkata, „...gelap gulita menutupi samudera raya." Ini berarti bahwa ketika Bumi pertama kali diciptakan, tidak ada matahari, bulan, atau bintang lain di galaksi kita, dan dengan demikian Bumi ditutupi oleh kegelapan. Ketika Allah mengisi bumi dengan hal-hal yang diperlukan, Dia mengeluarkan semua upaya terbaik-Nya. Sama seperti seorang ayah yang sedang membangun dan mengisi rumah untuk keluarganya dengan segala perawatan, Dia memendam seluruh bumi dan menyelesaikan pekerjaan penciptaan-Nya.

Proses ini dijelaskan dalam ungkapan, „Roh Allah melayang-layang di atas permukaan air". Pada saat ini, Allah sendiri yang datang ke bumi ini. Dia mencari apa yang Bumi perlukan dan bagaimana Dia akan membuat hal-hal, yang terjadi di seluruh bumi. Alkitab berkata Roh Allah melayang-layang 'di atas permukaan air'. Itu member tahu kita bahwa bumi pada saat itu tertutup oleh air sepenuhnya. Sama seperti janin tumbuh dalam cairan ketuban di dalam rahim, Bumi ditutupi oleh air untuk waktu yang sangat lama sampai sebelum penciptaan enam hari berlangsung di Bumi.

Lalu, dari mana air yang menutupi seluruh bumi ini berasal? Air ini adalah air kehidupan yang mengalir keluar dari tahta Allah. Tuhan menciptakan air kehidupan ketika Ia menciptakan dunia rohani yang luas, dan Dia membawa air ini ke Bumi. Alasan mengapa Ia menutupi bumi ini dengan air kehidupan adalah untuk membuat lingkungan yang baik bagi semua makhluk hidup termasuk manusia untuk hidup di bumi ini di masa depan.

Kita tidak bisa menemukan planet lain yang begitu penuh dengan air seperti Bumi di tata surya. Pada kenyataannya, kita belum menemukan planet lain yang memiliki air yang cukup untuk mendukung kehidupan di mana saja. Hal ini karena Allah membawa air kehidupan ini hanya untuk Bumi dan membuat lingkungan dasar di mana makhluk hidup akan dapat melanjutkan kehidupan mereka.

Ketika Allah menutupi bumi dengan air kehidupan, Dia ingin semua orang memperoleh hidup yang kekal dalam Allah. Dia ingin semua manusia yang akan hidup di Bumi maju sebagai anak-anak sejati yang memiliki hati yang murni dan bersih seperti air kehidupan.

Rencana Allah dalam pemisahan Terang dan Gelap.

Akhirnya, Allah memulai hari pertama penciptaan-Nya. Kejadian 1:3-4 berkata, "Berfirmanlah Allah: 'Jadilah terang'. Lalu terang itu jadi. Allah melihat bahwa terang itu baik, lalu dipisahkan-Nyalah terang itu dari gelap." Berfirmanlah Allah, „Jadilah terang." Terang di sini adalah terang rohani dan itu adalah cahaya yang mengalir keluar dari tahta Allah. Ia memiliki kekuatan dan keilahian Allah. Allah menutupi bumi dengan terang ini dan menetapkan dasar bumi sehingga tidak akan berbentuk dan kosong tapi itu dioperasikan secara tertib dan sistematis.

Kemudian, Kejadian 1:4-5 berkata, "Allah melihat bahwa terang itu baik, lalu dipisahkan-Nyalah terang itu dari gelap." Dan Allah menamai terang itu siang, dan gelap itu malam. Jadilah petang dan jadilah pagi, itulah hari pertama." Dengan memerintahkan cahaya untuk ada, urutan dasar dan aturan-aturan alam ditetapkan di Bumi, dan dengan demikian, bahkan ketika tidak ada matahari atau bulan, dioperasikan seolah-olah ada matahari dan bulan. Dengan kata lain, siang dan malam di Bumi tidak dibuat oleh matahari dan bulan. Urutan dan aturan mengenai siang dan malam telah ditetapkan oleh Allah, dan matahari dan bulan kemudian diciptakan untuk menguasai siang dan malam.

Tapi memisahkan hari dan malam memiliki makna rohani yang lebih penting daripada pemisahan jasmani. Ini berarti bahwa pada hari pertama dari penciptaan Allah melepaskan Lucifer dan beberapa malaikat yang jatuh dari jurang maut dan alam roh jahat yang dibentuk. Allah tahu bahwa harus ada terang rohani dan kegelapan untuk pengusahaan manusia hanya karena segala sesuatu di bumi berjalan dengan siklus siang dan malam. Ia merencanakan segala sesuatu bahkan sebelum zaman ada, dan ketika saatnya tiba, Dia memberi wewenang kepada Lucifer, yang telah mengkhianati Allah, untuk membuatnya menjadi penguasa kegelapan.

Tapi itu tidak berarti bahwa Dia memberinya otoritas yang sama dengan otoritas Allah yang adalah Tuan dan Pemilik alam semesta yang luas. Dia mengizinkan makhluk-makhluk rohani Lucifer dan tatanan serta sistem dunia roh-roh jahat hanya untuk tujuan pengusahaan manusia, sehingga pengusahaan manusia akan dilaksanakan secara terbuka dan dalam keadilan. Sebenarnya, Lucifer penguasa kegelapan dulunya berasal dari terang tapi dia keluar dari terang itu dan menjadi rusak. Dia masih berada di bawah kekuasaan tertinggi dan otoritas Allah.

Allah Mengizinkan Ruang Kegelapan Ada di Langit Kedua

Kejadian 1:6-8 berkata, "Berfirmanlah Allah:'Jadilah cakrawala di tengah segala air untuk memisahkan air dari air.' Maka Allah menjadikan cakrawala dan Ia memisahkan air yang ada di bawah cakrawala itu dari air yang ada di atasnya. Dan jadilah demikian. Lalu Allah menamai cakrawala itu langit. Jadilah petang dan jadilah pagi, itulah hari pertama."

Dengan air kehidupan yang mengalir keluar dari tahta Allah, Allah memantapkan bumi menjadi panggung untuk pengusahaan manusia. Lalu Ia menciptakan cakrawala. Cakrawala yang di bumi mengacu pada atmosfer yang dibuat. Allah kemudian memisahkan air yang menutupi bumi ke dalam air di bawah cakrawala dan air di atas cakrawala.

Air di bawah cakrawala adalah air yang tersisa di Bumi. Pada hari ketiga penciptaan, air berkumpul di satu tempat untuk membentuk laut, dan menjadi sumber yang membentuk badan air lainnya seperti sungai dan danau di Bumi. Air di atas cakrawala itu digunakan untuk fenomena meteorologi seperti pembentukan awan dan curah hujan, namun penggunaan utama dari air ini adalah untuk Taman Eden.

Ketika Alkitab menulis 'cakrawala' itu tidak harnya merujuk pada langit yang kita lihat. Dalam Kejadian 1, dikatakan Allah menciptakan segala sesuatu selama enam hari penciptaan adalah ‚baik', yaitu kecuali untuk hari kedua. Pada hari kedua Allah tidak mengucapkannya sebagai 'baik'. Alasannya adalah bahwa pada hari kedua Allah mengizinkan dibentuknya ruang kegelapan dalam langit kedua bagi roh-roh jahat, karena mereka diberi ',kekuatan udara' dan kemudian digunakan sebagai instrumen dalam proses pengusahaan manusia.

Efesus 2:2 tertulis, "...berbicara tentang sebuah waktu dimana kamu hidup di dalamnya, karena kamu mengikuti jalan dunia ini, karena kamu mentaati penguasa kerajaan angkasa, yaitu roh yang sekarang sedang bekerja di antara orang-orang durhaka". Ini memberi tahu kita bahwa ruang kegelapan di mana roh jahat berdiam adalah 'udara'. Ini adalah ruang yang berbatasan dengan dan berada di bagian timurTaman Eden. Ini adalah tempat di mana roh-roh jahat akan diam sampai pengusahaan manusia selesai.

Tentu saja, Taman Eden juga ada di dalam langit kedua serta tempat untuk perjamuan kawin Tujuh tahun yang akan diselenggarakan setelah pengusahaan manusia dilakukan. Namun, karena adanya ruang kegelapan di mana roh-roh jahat akan berkuasa dibentuk, Allah tidak mengatakan itu ',baik' pada hari kedua.

Dunia Roh-Roh Jahat

Sebelum ia menjadi penguasa kegelapan, Lucifer telah melihat dan belajar banyak hal karena begitu dekat dengan Allah Bapa. Dia melihat bagaimana Allah memerintah atas ruang rohani yang luas melalui malaikat dan kerub, dan ketika ia membentuk dunia roh-roh jahat, ia meniru cara Allah. Dia mendirikan dua rantai komando untuk menyampaikan perintah dan mengatur dunia kegelapan. Salah satunya adalah rantai komando naga dan malaikat mereka dan yang lainnya adalah rantai komando setan dan Iblis.

Pertama, Lucifer memberikan otoritas naga yang mirip dengan jenderal angkatan darat dan mengorganisir malaikat di bawah perintah mereka untuk mendukung pekerjaan mereka. Keempat naga yang memiliki 'kuasa udara' mengendalikan manusia kegelapan untuk menerima ibadah mereka. Para naga menembus ke tempat-tempat penyembahan berhala yang menghasilkan orang-orang yang menyembah mereka.

Lucifer mengendalikan segalanya 'di belakang layar' saat bekerja melalui Iblis. Iblis mengendalikan pikiran jahat manusia karena memiliki hati dan pikiran yang sama persis dengan Lucifer. Iblis tidak memiliki bentuk padat, dan muncul sebagai asap hitam. Karena ini mereka yang menerima pekerjaan Iblis memiliki sesuatu seperti awan gelap di sekitar wajah mereka.

Bagi sebagian orang, asap gelap meliputi seluruh tubuh mereka dari kepala sampai kaki.

Dan itu adalah pekerjaan setan yang menghasut orang-orang untuk membuat pemikiran jahat menjadi tindakan. Beberapa malaikat yang jatuh dikeluarkan dan bertindak sebagai setan. Iblis melakukan hal-hal yang berlawanan dari malaikat, mengenakan pakaian hitam sepenuhnya.

Ketika seseorang melakukan hal-hal jahat seperti yang dihasut setan kepadanya, bahkan sampai-sampai ia memberikan hatinya, maka setan akhirnya akan menguasainya. Setan adalah roh jahat, tetapi mereka bukan makhluk rohani yang dibuat oleh Allah seperti malaikat. Mereka dulunya adalah makhluk hidup yang hidup di bumi ini. Beberapa orang yang meninggal tanpa keselamatan datang ke dunia ini dalam kondisi khusus dan bertindak sebagai alat bagi roh-roh jahat.

Dunia roh jahat dibentuk dengan Lucifer sebagai pemimpin mereka, dan mereka mengganggu pekerjaan-pekerjaan Allah. Upaya mereka didedikasikan untuk membawa satu jiwa lagi ke jalan menuju neraka. Alasan mengapa Allah memberikan Lucifer dan roh jahat kuasa kegelapan adalah untuk mendapatkan anak-anak yang sejati melalui pengusahaan manusia. Anak-anak sejati ialah mereka yang hidup dalam Terang dan kebenaran yang menyerupai Allah. Mereka percaya kepada Allah, Sang Juru SelamatYesus Kristus, dan mengasihi dan menaati Allah dengan keinginan sendiri.

Dunia roh jahat dapat disamakan dengan pupuk yang petani tempatkan di ladang. Pupuk kimia adalah agen-agen yang memiliki beberapa racun dan berbahaya bagi manusia jika tertelan. Tetapi jika mereka dipasok ke tanaman, mereka membantu tanaman berbuah dengan baik. Demikian pula, melalui kerja Lucifer dan roh-roh jahat yang berdiri menentang

Allah dan memimpin anak-anak Allah untuk melakukan dosa, kita menyadari dalam perbandingan yang jelas betapa kotor kegelapan dan betapa berharganya Terang tersebut. Kemudian kita menjadi semakin lebih lagi merindukan Terang dan ingin menjadi anak-anak Terang. Akibatnya, Lucifer dan roh jahat membantu pengusahaan manusia dari Allah.

Allah memberikan manusia pilihan melalui kehendak bebas sehingga mereka bisa memilih antara terang dan gelap oleh mereka sendiri. Allah berdiam di dalam terang dan adalah wajar bagi mereka yang mengasihi Allah untuk ingin berada dalam Terang dan dekat dengan Allah. Melalui proses ini Allah memperoleh anak yang sejati. Begitu juga dengan pengusahaan manusia. Allah adalah Terang yang sesungguhnya dan mereka yang berpaling dari kegelapan dan masuk ke dalam Terang menjadi serupa dengan Allah. Inilah orang-orang yang bisa dikatakan anak-anak Allah yang sejati. Mereka hidup dengan Tuhan selamanya dalam ruang terang. Mereka akan menikmati sukacita dan kemuliaan yang diberiikan Allah selamanya.

Daerah Terang dan Kegelapan Ada Berdampingan di Dalam Langit Kedua

Ruang terang diatur oleh Allah. Ruang terang meliputi Eden di langit kedua, langit ketiga yang adalah rumah kerajaan surga, dan langit keempat yang merupakan wilayah mula-mula Allah.

Dalam langit kedua, daerah terang dan daerah kegelapan berdampingan. Seperti dijelaskan sebelumnya, Allah memisahkan terang dan gelap pada hari pertama penciptaan. Lucifer dan roh-roh jahat dikeluarkan pada hari pertama, dan mereka menjadi tinggal di daerah kegelapan di langit kedua semenjak hari kedua penciptaan. Allah telah memungkinkan bagi mereka untuk tinggal di daerah kegelapan di dalam surga kedua selama pengusahaan manusia.

Sekarang, ruang seperti apakah yang ada di dalam daerah terang di langit kedua?

Salah satunya adalah tempat untuk perjamuan kawin Tujuh tahun yang telah Tuhan persiapkan. Jiwa-jiwa diselamatkan, yang merupakan buah dari pemgusahaan manusia, akan menghadiri perjamuan ini di masa depan. 1 Tesalonika 4:17 menulis, "Sesudah itu, kita yang hidup, yang masih tinggal, akan diangkat bersama-sama dengan mereka dalam awan menyongsong Tuhan di angkasa. Demikianlah kita akan selama-lamanya bersama-sama dengan Tuhan". ‚Angkasa' dalam ayat ini adalah ruang di daerah terang di dalam langit kedua.

Wilayah lainnya dalam daerah terang adalah Taman Eden. Banyak orang berpikir taman itu ada di Bumi. Jadi, banyak orang yang mencadinya di Israel atau di daerah Timur Tengah. Tapi tak ada seorang pun yang menemukan jejak apa pun dari Eden sampai sekarang. Itu karena Taman Eden tidak diciptakan di Bumi, tapi di langit kedua yang merupakan dunia rohani.

Allah menciptakan manusia pertama, Adam, di Bumi dan kemudian membawanya ke dalamTaman Eden. Ini karena Adam dibuat dari debu dari tanah, tetapi ia bukanlah manusia jasmani. Kejadian 2:7 menyebutkan, „Ketika itulah Tuhan Allah membentuk manusia itu dari debu tanah dan menghembuskan nafas hidup ke dalam hidungnya; demikianlah manusia menjadi makhluk yang hidup." Adam menjadi makhluk hidup, roh yang hidup, karena nafas kehidupan dari Allah. Ruang jasmani tidak cocok untuk Adam yang merupakan makhluk rohani, melainkan untuk Taman Eden yang merupakan ruang rohani yang terletak di langit kedua.

Taman Eden adalah dunia rohani, tetapi berbeda dari

kerajaan surga yang berada di dalam langit ketiga. Ini merupakan dunia rohani, tetapi jika orang-orang yang tinggal di sana turun ke Bumi ini, maka kita dapat melihat dan menyentuh mereka. Lingkungan Taman Eden mirip dengan Bumi, tetapi tanaman dan hewan tidak pernah mati atau binasa karena itu adalah dunia rohani. Ini benar-benar murni dan bersih dan lingkungan alam yang lestari seperti adanya. Luasnya wilayah itu berada di luar imajinasi kita. Karena Adam adalah roh yang hidup, selain Bumi, Allah membuatTaman Eden ini dalam langit kedua baginya.

Langit Ketiga dan Langit Keempat

Langit ketiga adalah tempat di mana kerajaan surga berada. Tempat beradanyan tahta Allah, dan ruang di mana anak-anak Allah, yang diselamatkan melalui Yesus Kristus akan hidup selamanya. Rasul Paulus dibawa ke langit ketiga dan melihat Surga. Selain itu, dalam Wahyu 21, rasul Yohanes menjelaskan secara rinci tentang kota Yerusalem Baru. Kita bisa melihat bahwa kerajaan surga tidak seperti satu ruang terbuka, tetapi memiliki berbagai tempat berbeda.

Pertama, surga yang Rasul Paulus pernah lihat, adalah tempat tinggal bagi orang-orang percaya yang memiliki iman untuk nyaris menerima keselamatan (Lukas 23:42-43). Mereka yang memiliki iman yang lebih besar daripada orang-orang akan pergi ke Kerajaan Surga Pertama, dan mereka yang memiliki iman yang lebih besar akan masuk ke Kerajaan Surga Kedua.

Mereka yang telah membuang segala bentuk kejahatan dan menjadi kudus akan masuk ke Kerajaan Surga Ketiga. Mereka yang tidak hanya membuang segala kejahatan, tetapi juga mencapai iman untuk menyenangkan Allah, yaitu orang-orang yang telah masuk dalam kepenuhan roh, akan pergi ke kota

Yerusalem Baru di mana tahta Allah berada. Di antara berbagai tempat yang berbeda dalam langit ketiga, sinar Yerusalem Baru adalah yang paling terang. Kecemerlangan cahaya itu menurun saat Anda pergi lebih jauh dariYerusalem Baru. Firdaus adalah yang paling tidak terang. Tapi tetap, langit pertama di mana kita hidup tidak dapat bersaing dengannya. Ini masih lebih cemerlang dan lebih indah bahkan daripadaTaman Eden dalam langit kedua.

Langit keempat adalah ruang di mana Allah diam sendirian pada mulanya. Itu adalah ruang eksklusif bagi Allah Tritunggal. Lokasi di mana Allah pada mulanya melekat sebagai suatu terang dalam langit keempat. Ini ada dalam dimensi yang sama seperti alam semesta yang semula. Dalam langit pertama, kedua, dan ketiga ada aliran waktu yang berbeda secara berturut-turut. Tapi di langit keempat kita dapat mengatakan bahwa aliran waktu hampir tidak ada, dan tidak ada batasan yang terikat oleh waktu. Allah juga dapat melakukan apa pun yang Ia inginkan, dan itu berarti tidak ada batasan ruang.

Tidak ada pribadi yang bisa masuk ke dalam ruang ini dengan leluasa kecuali Allah Tritunggal. Hanya beberapa malaikat dan orang-orang yang sangat istimewa di antara mereka yang berada di Yerusalem Baru dapat masuk ke dalam ruang ini dengan izin Allah. Tak seorang pun bahkan dapat mendekati ruang ini tanpa izin Allah. Jika ada orang yang pergi ke dalam ruang ini tanpa izin Allah, rohnya akan menghilang dan menyebar seperti asap.

Sejauh ini kita telah melihat ke dalam ruang rohani yang luas. Allah membagi ruang yang asli ke langit pertama, kedua, ketiga, dan keempat sebagai bagian dari rencana-Nya untuk mendapatkan anak yang sejati. Seperti halnya ruang-ruang ‚langit' bertingkat, 'ada juga ruang berjenjang yang termasuk dalam ruang-ruang 'bumi'. Mereka adalah Kuburan Teratas (dalam terjemahan Alkitab terjemahan bahasa Indonesia disebut Dunia Orang Mati), Kuburan Terbawah, neraka, Jurang Maut.

Dunia Orang Mati dan Kuburan Bawah

Tuhan menyebut tempat-tempat yang menjadi milik Allah sebagai ‚surga', dan tempat yang dimiliki oleh Iblis dan setan sebagai 'bumi'. Tetapi ada pengecualian dan itu disebut Kuburan Terbawah

Siapa saja yang diselamatkan akan tinggal di dalam Kuburan Teratas selama tiga hari sebelum mereka dimasukkan ke dalam tempat menunggu di Surga. Kuburan Teratas adalah milik 'bumi' bukan milik 'surga' dalam dunia rohani. Tapi bukan berarti ini adalah milik kegelapan. Kuburan Teratas juga adalah daerah terang yang merupakan milik Allah dan Iblis serta setan tidak dapat memasukinya. Hal ini jelas dibedakan dari Kuburan Terbawah yang berada di bawah kendali kuasa kegelapan. Kuburan Teratas adalah daerah kebenaran dan terang.

Tapi alasan mengapa masih dikatakan sebagai milik 'dunia' adalah karena ini bahkan tidak lebih baik daripada Taman Eden yang berada di dalam langit kedua. Untuk alasan ini ketika Alkitab menyebutkan tentang orang-orang yang diselamatkan pergi ke Kuburan Teratas, dikatakan mereka pergi 'turun', dan tidak 'naik'.

Kejadian 37:35 berkata, "Sekalian anaknya laki-laki dan perempuan berusaha menghiburkan dia, tetapi ia menolak dihiburkan. Serta katanya:' „Tidak! Aku akan berkabung, sampai aku turun mendapatkan anakku, ke dalam dunia orang mati (sheol)!" Demikianlah Yusuf ditangisi oleh ayahnya." 'Sheol' bukan merujuk pada Kuburan Terbawah bagi mereka yang tidak diselamatkan melainkan Kuburan Teratas bagi mereka yang diselamatkan

Dan juga 1 Samuel 28:12-13 tertulis, Ketika perempuan itu melihat Samuel, berteriaklah ia dengan suara nyaring. Lalu perempuan itu berkata kepada Saul, demikian: '„Mengapa engkau menipu aku? Engkau sendirilah Saul!" Maka berbicaralah raja kepadanya: '„Janganlah takut; tetapi apakah yang kaulihat?" Perempuan itu menjawab Saul: '„Aku melihat sesuatu yang ilahi muncul dari dalam bumi." Ini adalah adegan di mana wanita cenayang yang terkejut ketika ia melihat Samuel mati. Samuel berada di Kuburan Teratas, dan itulah sebabnya dikatakan bahwa ia datang keluar dari bumi.

Tentu saja, hal ini tidak benar-benar bahwa wanita cenayang itu memanggil roh Samuel. Tukang sihir atau cenayang tidak memiliki kekuatan untuk berkomunikasi dengan Allah atau untuk memanggil roh orang mati. Mereka hanya dapat menghubungi daerah kegelapan dan memanggil setan.

Namun, ini adalah peristiwa khusus. Allah secara khusus membawa keluar Samuel yang berada dalam Kuburan Teratas agar mereka tahu akan keinginan Allah. Saul sudah ditinggalkan oleh Allah karena ketidaktaatannya, tetapi Allah memberinya kasih karunia khusus karena ia masih menjadi raja Israel, dan Allah ingat bahwa Samuel berdoa dengan air mata dan berkabung agar Saul berbalik dari jalan kejahatan dan ketidaktaatan ketika ia masih hidup..

Alasan mengapa Samuel berada dalam Kuburan Teratas adalah karena zaman itu sebelum Yesus memikul salib. Baru setelah Yesus mati di kayu salib dan bangkit Ia mengambil jiwa-jiwa dalam Kuburan Teratas menuju tempat penantian dalam Surga. Sebelum kebangkitan Yesus, jiwa-jiwa diselamatkan tinggal di Kuburan Teratas dengan Abraham, bapa orang beriman, yang bertanggung jawab atas tempat itu. Itulah sebabnya Alkitab menuliskan bahwa jiwa-jiwa yang diselamatkan pergi ke 'pangkuan Abraham. Lukas 16:22 berkata, "Kemudian matilah orang miskin itu, lalu dibawa oleh malaikat-malaikat ke pangkuan Abraham."

Alkitab tidak secara jelas membedakan antara Kuburan Teratas dan Kuburan Terbawah, dan hanya mengatakan orang-orang pergi ke Sheol atau dikenal sebagai Neraka. Tetapi dalam perumpamaan tentang orang kaya dan Lazarus yang miskin, Yesus berbicara tentang tempat yang berbeda bagi mereka yang diselamatkan dan mereka yang tidak. Lazarus diselamatkan dan ia pergi ke pangkuan Abraham yang disebut Kuburan Teratas, dan tempat ini berbeda dari Kuburan bawah kemana orang kaya pergi. Ada jurang besar antara kedua tempat tersebut dan mereka tidak bisa menyeberang untuk mengunjungi satu sama lain. Ketika kita menjelaskan alam roh dalam hal langit dan bumi, kita mengatakan Kuburan Atas milik bumi, namun jelas ada di daerah terang yang merupakan milik Allah.

Neraka Berisi Danau Api dan Belerang yang Menyala-nyala

Daerah kegelapan juga memiliki danau api dan sebuah danau belerang (pembakaran belerang) selain Kuburan Bawah. Ketika orang-orang yang tidak diselamatkan mati, mereka menderita di Kuburan Bawah dan kemudian dimasukkan ke dalam danau api atau danau belerang setelah Pengadilan besar. Pengadilan ini dilakukan tanpa kesalahan oleh Kitab Kehidupan yang memiliki nama-nama orang yang diselamatkan dan buku-buku lain yang menulis tentang perbuatan mereka masing-masing.

Wahyu 20:12-15 berbicara tentang bagaimana penghakiman dilakukan.

Dan aku melihat orang-orang mati, besar dan kecil, berdiri

di depan takhta itu. Lalu dibuka semua kitab. Dan dibuka juga sebuah kitab lain, yaitu kitab kehidupan. Dan orang-orang mati dihakimi menurut perbuatan mereka, berdasarkan apa yang ada tertulis di dalam kitab-kitab itu. Maka laut menyerahkan orang-orang mati yang ada di dalamnya, dan maut dan kerajaan maut menyerahkan orang-orang mati yang ada di dalamnya, dan mereka dihakimi masing-masing menurut perbuatannya. Lalu maut dan kerajaan maut itu dilemparkanlah ke dalam lautan api. Itulah kematian yang kedua: lautan api. Dan setiap orang yang tidak ditemukan namanya tertulis di dalam kitab kehidupan itu, ia dilemparkan ke dalam lautan api itu.

'Orang mati' merujuk kepada mereka yang tidak menerima Yesus Kristus atau mereka yang memiliki iman yang mati. Mereka akan berdiri di hadapan tahta Allah untuk dihakimi, dan ada buku-buku yang akan dibuka. Selain Kitab Kehidupan yang mencatat nama-nama mereka yang diselamatkan, ada buku-buku lain yang menulis perbuatan setiap orang mati yang tidak diselamatkan. Tidak hanya perbuatan semua orang, tetapi juga semua pikiran mereka dan apa yang mereka pendam dalam hati dan pikiran mereka sejak lahir sampai mati mereka dicatat oleh malaikat. Mereka yang tidak diselamatkan akan dihakimi sesuai dengan besarnya dosa mereka yang dicatat dalam buku dan menerima hukuman yang kekal.

„Laut" mengacu pada tahap pengusahaan manusia, yaitu dunia ini. Oleh karena itu, ungkapan ‚laut menyerahkan orang-orang mati', memberi tahu kita bahwa mereka diusahakan di bumi ini. Juga, itu berarti dunia akan menyerahkan tubuh jasmani mereka yang mati untuk penghakiman. Ketika orang meninggal tanpa menerima keselamatan, roh mereka akan dikurung dalam Kuburan Bawah sementara tubuh mereka akan berubah menjadi segenggam debu di suatu tempat di bumi ini. Tapi di Pengadilan Akhir, roh-roh yang berada di Kuburan Bawah akan diempatkan pada tubuh yang tepat untuk penghakiman.

Dikatakan juga, "Lalu maut dan kerajaan maut itu dilemparkanlah ke dalam lautan api." Ini berarti orang-orang yang berada di Kuburan Bawah dan ditakdirkan untuk menderita kematian kekal akibat dosa-dosa mereka akan berdiri di hadapan Allah untuk dihakimi. Hingga Penghakiman Takhta Putih Agung berlangsung, mereka menerima berbagai macam hukuman di Kuburan Bawah seperti dirobek oleh serangga atau hewan atau disiksa oleh utusan neraka.

Setelah Penghakiman Besar, mereka jatuh ke dalam salah satu lautan api atau laut belerang (Wahyu 21:8). Rasa sakit yang diberikan dalam lautan api tak terbandingkan lebih menyakitkan daripada rasa sakit yang ditimbulkan dalam Kuburan Bawah. Mereka akan menderita dan akan digarami dengan api di mana,"DIMANA ULAT-ULAT BANGKAI TIDAK MATI DAN API TIDAK PADAM" (Markus 9:47-49). Lautan belerang yang terbakar adalah tempat bagi mereka yang melakukan dosa besar seperti penghujatan terhadap Roh Kudus dan mengganggu pekerjaan Roh Kudus. Tujuh kali lebih panas dibandungkan dengan lautan api.

Jurang Maut

Bagian terdalam dari wilayah kegelapan adalah jurang maut mana roh-roh jahat akan masuk. Setelah Tuhan datang kembali dalam awan, anak-anak yang diselamatkan Allah akan mengikuti perjamuan kawin Tujuh tahun di awan. Selama periode yang sama, bumi ini akan mengalami waktu godaan. Roh-roh jahat yang berada di awan akan didorong turun ke bumi ini dan mengambil kekuasaan. Dunia akan tersapu oleh Perang Dunia III, dan tragedi besar seperti neraka di bumi akan berlangsung. Setelah kesengsaraan Tujuh Tahun selesai, roh-roh jahat akan dikurung dalam jurang maut dan Kerajaan Seribu Tahun akan dimulai di Bumi.

Anak-anak Allah yang menyelesaikan perjamuan kawin Tujuh di udara akan turun ke bumi ini dengan Tuhan dan memerintah bersama-sama dengan Dia selama seribu tahun (Wahyu 20:4). Bumi, yang telah hancur oleh kesengsaraan tujuh tahun, saat itu akan telah diperbaharui sepenuhnya sehingga memiliki lingkungan yang indah. Menjelang akhirKerajaan Seribu Tahun, roh-roh jahat akan dilepaskan sekali lagi untuk waktu sebentar oleh pemeliharaan Allah, tetapi mereka kembali akan dikurung dalam jurang maut setelah Penghakiman Tahta Putih yang Agung.

Sampai sebelum Penghakiman Tahta Putih yang Agung, Lucifer dan para utusannya mengendalikan Kuburan Bawah, tetapi setelah Penghakiman, Kuburan Bawah dan neraka akan dikendalikan hanya oleh kuasa Allah saja. Roh-roh jahat akan dibuang seperti sampah di Jurang Maut yang terasa sangat gelap dan dingin. Mereka akan dikurung dalam keadaan di mana mereka tidak bisa bergerak sama sekali seolah-olah mereka ditekan oleh batu raksasa. Para malaikat yang jatuh akan dibuang dan sayap mereka diambil sebagai simbol dari kutukan dan rasa malu.

Dibuang mungkin tidak terdengar sebagai suatu hukuman yang yang mengerikan dan sakit seperti hukuman neraka, tetapi tidak demikian. Sama seperti tekanan menjadi semakin besar saat Anda masuk semakin dalam di air, kekuatan daging akan menjadi lebih besar saat Anda pergi lebih dalam ke dalam neraka. Jurang Maut adalah bagian terdalam dari neraka, dan semua energi daging akan mengembun di tempat itu. Hal ini jauh lebih menakutkan dan merupakan siksaan yang menyedihkan untuk pergi ke Jurang Maut melebihdi disiksa oleh utusan neraka di Kuburan Bawah atau menderita rasa sakit dari lautan api atau lautan belerang

Bayangkan Anda dikurung dalam sesuatu seperti blok beton besar yang kokoh dan menjadi tidak mampu untuk bergerak sama sekali. Anda sadar, tetapi Anda tidak dapat bernapas atau bahkan mengedipkan mata. Anda adalah fosil yang hidup. Menjadi fosil, Anda harus menerima berbagai jenis sakit, dorongan keputusasaan, dan tekanan yang mendorong Anda ke bawah seolah-olah itu akan meledakkan Anda.

Lucifer dulu dikasihi oleh Allah sebelum ia menjadi jahat, tapi dia akan terjebak dalam kutukan kekal sebagai akibat dari berdiri melawan Allah. Allah tidak menghukum Lucifer segera setelah ia menjadi jahat. Dia juga hanya makhluk ciptaan, sehingga Allah sehingga bisa menghancurkannya seketika, tapi Dia tidak melakukannya, dan ada alasan untuk itu.

Hal ini karena kita bisa menjadi Anak Allah yang sejati akibat keberadaan Lucifer, penguasa kegelapan, selama pengusahaan manusia. Kita bisa berubah menjadi anak-anak terang yang serupa dengan Allah dengan berjaga-jaga dan berdoa sementara Iblis berkeliaran seperti singa yang mengaum-aum berusaha mencari orang yang dapat ditelannya. Allah ingin berbagi kebahagiaan dengan anak-anak Terang-Nya yang kekal di Yerusalem Baru, yang merupakan ruang terang. Sekarang, apa kualifikasi untuk dapat masuk ke dalam ruang terang?

Bab 2

Kualifikasi untuk Memasuki Ruang Terang

Terang dan gelap tidak dapat berdampingan.
Untuk masuk ke dalam ruang terang
kita dapat memecahkan masalah kegelapan.
Semakin kita memiliki persekutuan dengan Allah yang adalah Terang
dan memiliki hatiYesus Kristus,
Kita dapat pergi ke ruang terang yang lebih terang.

Manusia harus masuk ke salah satu ruang terang atau ruang kegelapan setelah kehidupan mereka di Bumi ini berakhir. Karena roh manusia tidak dapat dipadamkan mereka harus masuk ke salah satu antara Surga atau Neraka.

Mengenai hal ini, Ibrani 9:27 menulis, "Dan sama seperti manusia ditetapkan untuk mati hanya satu kali saja, dan sesudah itu dihakimi..." Dan juga, Yohanes 5:29 menulis, "...dan mereka yang telah berbuat baik akan keluar dan bangkit untuk hidup yang kekal, tetapi mereka yang telah berbuat jahat akan bangkit untuk dihukum". Kehidupan di bumi ini bukanlah akhir. Ada kehidupan yang akan datang yang kekal, dan setelah kehidupan fisik kita adalah hanya ada dua alternatif. Yaitu pergi ke Surga atau pergi ke Neraka.

Kasih Allah ingin agar semua orang menerima keselamatan dan menikmati kebahagiaan di dalam daerah terang. 1 Petrus 2:9 berkata, "Tetapi kamulah bangsa yang terpilih, imamat yang rajani, bangsa yang kudus, umat kepunyaan Allah sendiri, supaya kamu memberitakan perbuatan-perbuatan yang besar dari Dia, yang telah memanggil kamu keluar dari kegelapan kepada terang-Nya yang ajaib."

Mari kita periksa apakah kita bisa pergi ke daerah terang-Nya yang menakjubkan sebagai imamat yang rajani.

Allah merindukan Anak-Anak Terang

Rasul Paulus membicarakan tentang Allah sebagai berikut: "Dialah satu-satunya yang tidak takluk kepada maut, bersemayam dalam terang yang tak terhampiri. Seorangpun tak pernah melihat Dia dan memang manusia tidak dapat melihat Dia. Bagi-Nyalah hormat dan kuasa yang kekal! Amin" (1 Timotius 6:16). Ini berarti Allah berdiam dalam terang, dan Dia adalah kekal dan sempurna. 1 Yohanes 1:5 berkata, „Dan inilah berita, yang telah kami dengar dari Dia, dan yang kami sampaikan kepada kamu: Allah adalah terang dan di dalam Dia sama sekali tidak ada kegelapan.""

Yakobus 1:17 juga berkata, "...pada-Nya tidak ada perubahan atau bayangan karena pertukaran." Allah adalah Terang itu sendiri dan Dia bahkan tidak punya bayangan yang bergeser. Untuk alasan ini Alkitab mengatakan kepada kita dalam banyak bagian bahwa kita juga harus menjadi manusia terang yang serupa dengan Allah.

1 Tesalonika 5:5 menulis, "...karena kamu semua adalah anak-anak terang dan anak-anak siang. Kita bukanlah orang-orang malam atau orang-orang kegelapan." dan Efesus 5:8-9 menulis, "...Memang dahulu kamu adalah kegelapan, tetapi sekarang kamu adalah terang di dalam Tuhan. Sebab itu hiduplah sebagai anak-anak terangkarena terang hanya berbuahkan kebaikan dan keadilan dan kebenaran." Matius 5:14-16 juga tertulis, "Kamu adalah terang dunia. Kota yang terletak di atas gunung tidak mungkin tersembunyi. Lagipula orang tidak menyalakan pelita lalu meletakkannya di bawah gantang, melainkan di atas kaki dian sehingga menerangi semua orang di dalam rumah itu. Demikianlah hendaknya terangmu bercahaya di depan orang, supaya mereka melihat perbuatanmu yang baik dan memuliakan Bapamu yang di sorga."

Terang dan gelap tidak dapat berdampingan. Untuk masuk ke dalam ruang terang kita harus menyelesaikan masalah kegelapan.

Sekarang, kegelapan apa yang kita harus dibuang untuk menjadi anak-anak terang? Sederhananya, kegelapan mengacu pada segala sesuatu yang merupakan milik dosa. Ini adalah hal-hal dari daging dan perbuatan daging, yang dijelaskan secara rinci dalam Jilid 1 Roh, Jiwa, dan Tubuh.

Perbuatan daging adalah dosa yang dilakukan dalam perbuatan, dan hal-hal daging adalah dosa yang dilakukan di dalam akal dan pikiran. Misalnya, culas, keserakahan, kejahatan dan iri hati semua kefasikan seperti dalam Roma pasal 1. Juga, seperti dalam Galatia 5: amoralitas, kenajisan, sensualitas, penyembahan berhala, sihir, permusuhan, perselisihan, iri hati, kemarahan yang meledak, perselisihan, perselisihan, pertengkaran, iri hati, mabuk-mabukan, dan pesta pora 'yang merupakan ‚perbuatan daging'.

Ada juga hal-hal yang tidak tampak seperti kegelapan bagi kita tetapi jahat di mata Allah. Sama seperti kegelapan tidak bisa hadir di hadapan terang, maka dosa dan kejahatan yang termasuk dalam kegelapan akan terungkap ketika terang kebenaran dilepaskan padanya. Dengan Firman Allah yang adalah terang, kita dapat menyadari kegelapan yang kita belum sadari oleh diri kita sendiri.

Misalnya, Yesus menjelaskan bahwa Dia akan segera mati di Yerusalem, dan Petrus mencoba menghentikanNya karena kasihnya kepada-Nya. Lalu, Yesus memarahinya dengan berkata"Enyahlah Iblis!" (Matius 16:23).

Petrus pikir adalah merupakan tugasnya untuk menghentikan Yesus, tapi itu merupakan kegelapan di mata Allah. Adalah merupakan kehendak Allah agar Yesus disalibkan dan menyelesaikan jalan keselamatan. Dengan teguran itu, Petrus menjadi rasul rendah hati yang menghidupkan kembali ribuan orang mati dan membawa orang-orang untuk bertobat satu hari setelah ia menerima Roh Kudus.

Sebagaimana dijelaskan, siapa saja yang ingin pergi ke daerah terang, dia harus keluar dari dunia kegelapan dan bertindak sebagai anak terang. Mari kita melihat apa yang harus kita lakukan secara lebih spesifik.

Sampai pada Kebenaran Allah dengan Iman

Agar kita dapat pergi ke ruang terang, pertama-tama kita harus bertobat dari dosa tidak percaya kepada Allah dan kemudian menerima Yesus Kristus. Siapa pun yang menerima pengampunan dosa dengan percaya kepada Yesus Kristus akan memenuhi syarat untuk masuk ke dalam ruang terang. Roma 3:22 menulis, "...yaitu kebenaran Allah karena iman dalam Yesus Kristus bagi semua orang yang percaya. Sebab tidak ada perbedaan."

Dan juga dalam Yohanes 14:6 ditulis, "Yesus berkata kepadanya,' „Akulah jalan dan kebenaran dan hidup. Tidak ada seorang pun yang datang kepada Bapa, kalau tidak melalui Aku." Roma 10:9 berkata, "...Sebab jika kamu mengaku dengan mulutmu, bahwa Yesus adalah Tuhan, dan percaya dalam hatimu, bahwa Allah telah membangkitkan Dia dari antara orang mati, maka kamu akan diselamatkan. „

Jika kita mengaku dengan mulut kita Yesus sebagai Tuhan dan percaya dalam hati bahwa Allah telah membangkitkan Dia dari antara orang mati, itu berarti kita percaya pada pemeliharaan salib dan kuasakebanngkita. Yakni, kita percaya bahwa Yesus mati di kayu salib menggantikan kita, yang adalah orang berdosa yang ditakdirkan untuk menerima hukuman kekal karena dosa, dan bahwa Ia mencurahkan darah-Nya yang berharga untuk menebus kita dari segala dosa kita.

Jika kita benar-benar percaya pada fakta ini, kita akan mengakui semua dosa kita dan memutuskan untuk hidup dalam terang dengan ucapan terima kasih kepada Tuhan yang menderita bagi kita. Tuhan membasuh dosa-dosa orang-orang dengan darah-Nya dan memberi mereka karunia Roh Kudus. Allah mengakui mereka sebagai anak-anak-Nya dan menulis nama mereka di kitab kehidupan (Wahyu 20:15, 21:27). Ini adalah caranya sehingga kita dapat menikmati kehidupan kekal di Surga, yang merupakan ruang terang, ketika kita mengakui bahwa kita tidak hidup sesuai dengan Firman Allah, berpaling dari dosa, dan berjalan dalam terang.

Memiliki Persekutuan dengan Allah yang Adalah Terang

1 Yohanes 1:6-7 menulis, "Jika kita katakan, bahwa kita beroleh persekutuan dengan Dia, namun kita hidup di dalam kegelapan, kita berdusta dan kita tidak melakukan kebenaran. Tetapi jika kita hidup di dalam terang sama seperti Dia ada di dalam terang, maka kita beroleh persekutuan seorang dengan yang lain, dan darah Yesus, Anak-Nya itu, menyucikan kita dari pada segala dosa." Ketika kita menerimaYesus Kristus dna menerima hadiah Roh Kudus, kita harus belajar dan mempraktikkan Firman Allah yang adalah kebenaran harus dianggap sebagai anak yang memiliki persekutuan dengan Allah.

1 Yohanes 2:3 menulis, "Dan inilah tandanya, bahwa kita mengenal Allah, yaitu jikalau kita menuruti perintah-perintah-Nya," dan 1 Yohanes 3:23 menulis, "Dan inilah perintah-Nya itu: supaya kita percaya akan nama Yesus Kristus, Anak-Nya, dan supaya kita saling mengasihi sesuai dengan perintah yang

diberikan Kristus kepada kita."

Kita harus membuang dosa tidak hanya kejahatan dalam perbuatan, tetapi juga kejahatan dalam hati kita untuk taat pada firman Allah yang memberitahu kita apa yang seharusnya tidak kita lakukan dan apa yang harus dibuang. Dan juga, kita harus rajin melakukan firman Allah yang menyuruh kita untuk bersukacita, bersyukur, mengasihi, merendahkan diri, melayani orang lain, dan memegang firman. Dengan cara ini kita bisa mengusahakan hati Tuhan dengan kasih karunia dan kekuatan dari Allah dan pertolongan dari Roh Kudus.

Tempat tinggal surgawi kita akan berbeda sesuai dengan sejauh mana kita dikuduskan, dan menurut bagaimana terang yang kita pancarkan telah menjadi orang rohani yang baik melalui memiliki persekutuan dengan Allah yang adalah Terang. Oleh karena itu, meskipun kita telah menerima keselamatan dan memperoleh kualifikasi untuk memasuki ruang terang, kita harus memegang kerajaan surgawi dengan kuat sampai kita mencapai tujuan tertinggi, yang merupakan kota Yerusalem Baru.

Ada pengukuran tertentu dimana kita dapat memeriksa sejauh mana kita telah menjadi anak-anak terang. Mereka adalah: kasih rohani di dalam 1 Korintus 13; Sembilan buah Roh dalam Galatia 5; Ucapan Bahagia (Beautitude) dalam Matius 5, dan buah-buah terang di Efesus 5. Sekarang, mari kita menyelidiki kualifikasi untuk memasuki ruang terang, berfokus pada buah dari Terang. .

Melakukan Kebaikan dengan Hati Roh

Efesus 5:9 berkata, "„....karena terang hanya berbuahkan kebaikan dan keadilan dan kebenaran, „

Kebaikan adalah memiliki hati indah yang tidak ada

kejahatan di dalamnya melainkan hanya memiliki karakter kebaikan. Anda melakukan perbuatan baik kepada mereka yang membutuhkan, Anda tidak merugikan orang lain, dan Anda menaati Firman Allah dan melakukan semua yang terbaik dalam segala pekerjaan yang diberikan kepada Anda, karena Anda tahu tentang Allah Sang Pencipta sama seperti kita mengenal orang tua kita.

Di dunia, orang mengatakan Anda baik jika Anda tidak membalas kejahatan dengan kejahatan, tapi menahannya. Namun jika Anda masih merasa terganggu atau memiliki kebencian dalam pikiran Anda, dapatkan Anda dianggap benar-benar baik? Kebaikan manusia dan kebaikan Allah sangatlah berbeda. Tingkat pertama dari kebaikan yang Allah akui bukanlah untuk tidak membalas kejahatan dengan kejahatan, tetapi untuk tidak memiliki perasaan terganggu sama sekali.

Itu terjadi dengan Yusuf, suami dari Bunda Maria. Matius 1:19 menyebutkan, "Dan karena Yusuf suaminya, seorang yang tulus hati dan tidak mau mencemarkan nama isterinya di muka umum, ia bermaksud menceraikannya dengan diam-diam". Betapa sedih pasti perasaan Yusuf ketika ia menemukan bahwa tunangannya Maria hamil tanpa tidur dengannya. Biasanya, orang akan sangat menderita di dalam hati atau bertengkar dengan tunangannya. Tapi Yusuf tidak memiliki kejahatan dalam hatinya, dan ia hanya ingin meninggalkan Maria diam-diam.

Tingkat kedua kebaikan adalah, ketika seseorang berbuat jahat kepada kita, bukan hanya kita tidak merasa terganggu, namun kita mampu menggerakkan hatinya dengan kata-kata dan perbuatan yang baik. Iblis dan setan tidak bisa berbuat apa-apa kepada orang yang telah mencapai tingkat kebaikan ini.

Meskipun tidak memiliki kesalahan sendiri, Daud sedang

dikejar-kejar oleh Raja Saul untuk waktu yang lama ketika suatu hari ia memiliki kesempatan yang sempurna untuk membunuh Saul. Daud pergi ke pertempuran dan memenangkan kemenangan bagi negaranya, namun Saul bahkan tidak mau menerima dia malahan menjadi cemburu kepadanya. Dia mengejar Daud dengan pasukannya dan mencoba membunuhnya.

Suatu hari Saul masuk ke dalam gua tempat Daud tengah bersembunyi. Daud bisa saja membunuhnya tetapi ia hanya merobek jubah Daud. Kemudian, ketika Saul meninggalkan gua, ia memanggil Saul dan berkata,"Lihatlah dahulu, ayahku, Lihatlah kiranya punca jubahmu dalam tanganku ini!. Sebab dari kenyataan bahwa aku memotong punca jubahmu dengan tidak membunuh engkau, dapatlah kauketahui dan kaulihat, bahwa tanganku bersih dari pada kejahatan dan pengkhianatan, dan bahwa aku tidak berbuat dosa terhadap engkau, walaupun engkau ini mengejar-ngejar aku untuk mencabut nyawaku" (1 Samuel 24:11).

Daud memanggil Saul, yang mengejanya untuk membunuhnya. Dia berteriak mengatakan ‚ayahku' dan ia benar-benar merendahkan diri. Dia benar-benar ingin menghibur hati Saul mengatakan bahwa dia seperti anjing dan kutu, dan ia tidak punya niat untuk membunuh Saul. Saul seorang yang jahat, tetapi ketika ia mendengar nubuatan tersebut keluar dari kebaikan, ia dipindahkan dan meneteskan air mata. Dalam1 Samuel 24:16-17 disebutkan, "Suaramukah itu, ya anakku Daud?' Sesudah itu dengan suara nyaring menangislah Saul. Katanya kepada Daud, 'Engkau lebih benar dari pada aku, sebab engkau telah melakukan yang baik kepadaku, padahal aku melakukan yang jahat kepadamu".

Ia tersentuh dan lalu pulang ke rumahnya. Jika kita tidak membalas kejahatan dengan kejahatan tetapi dengan kebaikan,

Iblis tidak bisa bekerja lagi dan bahkan orang-orang jahat akan tergerak. Tentu saja, Saul begitu jahat sehingga kejahatannya keluar di kemudian hari, tapi setidaknya pada saat itu kegelapan pergi oleh terang kebaikan Daud dan Saul berbalik.

Namun ada tingkat lebih tinggi dari kebaikan yang sekadar menggerakkan hati orang lain. Ini adalah kebaikan yang mengasihi bahkan musuh kita dan memberikan hidup kita bagi mereka yang bertindak jahat terhadap kita. Ini adalah kebaikan Allah yang telah mengutus Anak-Nya yang tunggal, dan ini adalah kebaikanYesus Kristus. Ia adalah Anak Allah yang kudus dan Ia memberikan nyawa-Nya bagi semua manusia.

Kita juga dapat merasakan tingkat kebaikan ini melalui Musa dan dan Paulus. Ketika Allah hendak menghancurkan semua orang Israel karena dosa-dosa mereka, Musa berdoa agar mereka akan diselamatkan bahkan walaupun itu berarti namanya akan dihapuskan dari kitab kehidupan (Keluaran 32:32). The rasul Paulus berkata, "Bahkan, aku mau terkutuk dan terpisah dari Kristus demi saudara-saudaraku, kaum sebangsaku secara jasmani." (Roma 9:3).

Stefanus mati martir dengan cara dirajam ketika menyebarkan kabar keselamatan. Dia tidak punya dendam meskipun ia dilempari batu tanpa kesalahan apa pun. Ia malah menangis kepada Tuhan dengan suara sangat keras, "Tuhan, janganlah tanggungkan dosa ini kepada mereka!" (Kisah Para Rasul 7:60)

Hari ini orang berpikir Anda hanya akan menderita kerugian dan diperlakukan sebagai orang bodoh jika Anda jujur atau baik kepada orang lain. Tapi Allah adalah kebaikan itu sendiri, dan Dia melindungi kita dengan mata menyala-Nya, dinding api dari Roh Kudus, juga para penghuni surgawi dan malaikat, ketika kita mengikuti kebaikan. Dengan demikian ujian dan pencobaan pergi, dan bahkan jika mereka datang, kita dapat melalui itu semua dengan kebaikan. Hal ini membawa berkat kepada kita yang lebih besar dan kemakmuran dalam segala hal.

Tentu saja, kadang-kadang kita harus mengorbankan diri kita sendiri dan mengeluarkan upaya kita untuk mengikuti kebaikan. Tetapi mereka yang baik tidak menganggap hal-hal tersebut sebagai hal yang sulit. Mereka malah senang dapat melakukan kebaikan. Kekuatan rohani adalah tidak melakukan dosa, dan terang rohani kita akan menjadi lebih kuat sejauh mana kita membuang kejahatan dan mengembangkan kebaikan. Begitu kita masuk ke tingkat kebaikan yang Allah akui, si jahat bahkan tidak bisa menyentuh kita karena terang kita, dan kita akan dapat menghancurkan rencana dari setan dan Iblis (1 Yohanes 5:18).

Menghasilkan Buah Kebenaran dengan Iman

Buah Terang kedua adalah kebenaran. Umumnya, kebenaran bekerja untuk tujuan yang benar hidupnya sendiri seseorang, tanpa pamrih. Tapi kesalehan dalam kebenaran untuk membuang dosa, mematuhi perintah-perintah dalam Alkitab, dan mencari Kerajaan Allah dan kebenaran-Nya sesuai dengan kehendak-Nya. Daniel adalah salah satu contoh paling baik yang memiliki kebenaran yang besar.

Daniel berasal dari keluarga terhormat suku Yehuda. Ia ditangkap pada tahun 605 SM ketika kerajaan selatan Yehuda diserbu oleh Raja Nebukadnezar dari Babel. Ketika Babel merekrut orang-orang berbakat dari ras lain, Daniel terpilih bersama dengan tiga temannya dan ia bekerja sebagai seorang pejabat tinggi di Babel untuk waktu yang lama. Meskipun ia adalah seorang tawanan, ia memiliki posisi tinggi di Babel dan ia juga diakui sebagai seorang nabi Allah yang sejati. Alasannya adalah karena ia mengandalkan Allah sepenuhnya dan terus memegang imannya.

Ketika ia pertama kali pergi kehadapan raja Babel, dia adalah seorang pria muda. Dia harus dilatih selama tiga tahun dan harus untuk menerima makanan pilihan yang diberikan oleh raja. Tapi dia takut bahwa makanan pilihan itu mungkin termasuk makanan najis yang dilarang oleh Allah, dan ia tidak ingin mengambilnya. Dia tidak benar-benar memiliki pilihan menjadi tawanan, tapi ia masih membenci dan menolak apa yang Allah benci.

Untuk dapat menjaga iman mereka kepada Allah dan tidak ingin menajiskan diri, ia meminta pengawas untuk memungkinkan dia bersama dengan tiga temannya untuk mengambil hanya sayuran yang bukan makanan yang ditentukan raja. Dia menyarankan bahwa ia mengambil sayuran dan air saja selama sepuluh hari sebagai ujian. Ketika pengawas membandingkan dia dengan pria muda lainnya setelah sepuluh hari, ia bisa melihat bahwa Daniel dan penampilan ketiga temannya lebih baik daripada para pemuda lainnya.

Allah melihat iman mereka dan memberikan mereka berkat yang luar biasa. Daniel 1:17 tertulis, "Kepada keempat orang muda itu Allah memberikan pengetahuan dan kepandaian tentang berbagai-bagai tulisan dan hikmat, sedang Daniel juga mempunyai pengertian tentang berbagai-bagai penglihatan dan mimpi". Dalam ayat 20-nya dikatakan,"Dalam tiap-tiap hal yang memerlukan kebijaksanaan dan pengertian, yang ditanyakan raja kepada mereka, didapatinya bahwa mereka sepuluh kali lebih cerdas daripada semua orang berilmu dan semua ahli jampi di seluruh kerajaannya"."

Babel dihancurkan oleh Media dan Persia pada tahun 539 SM pada masa pemerintahan Raja Belsyazar, putra Raja Nebukadnezar. Sebuah negara baru, Kekaisaran Persia, menggantikan Babel. Raja Darius dari Persia ingin menunjuk Daniel sebagai menteri untuk memerintah seluruh negeri karena

Daniel memiliki roh yang luar biasa. Daniel adalah seorang tawanan, tapi bahkan ketika bangsa dan raja-raja yang berubah, ia masih yang paling disukai.

Menteri lainnya dan para pemimpin cemburu padanya dan mencoba untuk menemukan cara untuk menuduhnya (Daniel 6:4-5). Tetapi mereka tidak dapat menemukan satu pun kesalahan padanya, dan mereka menyarankan sebuha peraturan kepada raja. Berpura-pura bahwa mereka mendukung raja, mereka mengatakan mereka akan menempatkan siapa pun di kandang singa jika orang itu berdoa kepada tuhan lain atau orang lain selain raja selama tiga puluh hari. Itu adalah perangkap yang mereka buat khusus bagi Daniel karena mengetahui bahwa dia berdoa tiga kali sehari menghadapYerusalem dengan jendelanya yang terbuka.

Mengetahui situasi ini, Daniel masih berlutut berdoa tiga kali sehari (Daniel 6:10). Dia bisa saja berkompromi untuk menjaga ketenaran dan kekuasaan atau hanya untuk menghindari kematian, tetapi ia mengandalkan Allah sepenuhnya. Dia akhirnya dilempar ke kandang singa untuk pelanggarannya terhadap perintah itu, tetapi ia tidak memiliki kebencian terhadap rajanya. Ia malah memberkati sang raja dengan berkata, „Raja, hidup selamanya!“ Ia mempraktikkan kebenaran sekalipun situasinya sangat sulit.

Dia tidak memiliki kesalahan atau menyalahkan Allah dan manusia, dan untuk alasan ini setan dan Iblis tidak dapat membahayakan dirinya dengan berbagai macam skema. Allah mengirimkan malaikat-Nya untuk melindunginya. Dia keluar dari gua, hidup dan memuliakan Allah. Jenis kebenaran yang Allah inginkan dari kita adalah untuk menjaga iman kita dan tidak berkompromi bahkan dalam menghadapi kematian dan mengikuti kebaikan dalam kebenaran tidak peduli bagaimana orang lain bertindak terhadap kita.

Menghasilkan Buah Kebenaran dengan Perbuatan

Buah Terang ketiga adalah keadaan yang Ketulusan. Kteulusan adalah sikap tidak berubah-ubah. Hal ini juga termasuk kemurnian, kejujuran, dan kepolosan tanpa memiliki kepalsuan, kelicikan, atau tipu daya. Bahkan jika Anda rajin melakukan perbuatan baik dan mengakui iman Anda, ini akan diakui sebagai buah sejati Terang oleh Allah apabila Anda melakukannya bukan untuk memamerkan diri sendiri di hadapan orang lain. Dengan kata lain, apa yang Allah inginkan dari kita adalah pengakuan sejati iman, perbuatan yang benar, dan kebenaran yang tidak berubah-ubah yang datang dari hati kita.

Dalam Kejadian 22, kita bisa melihat bagaimana Abraham menaati Firman Allah ketika Dia menyuruhnya untuk mengorbankan anaknya satu-satunya, Ishak, sebagai korban bakaran. Pagi-pagi ia berangkat bersama Ishak untuk pergi ke tanah yang telah Allah tunjuk. Ia sama sekali tidak ragu. Ia tidak memiliki konflik dalam pikirannya menggunakan pikirannya sendiri. Pada saat ia akan memberikan Ishak sebagai korban bakaran, malaikat Allah menampakkan diri kepadanya dan mengatakan kepadanya untuk tidak menyentuh anak itu. Allah berfirman, "...sebab telah Kuketahui sekarang, bahwa engkau takut akan Allah, " (Genesis 22:12).

Ibrani 11:19 menuliskan, "Karena ia berpikir, bahwa Allah berkuasa membangkitkan orang-orang sekalipun dari antara orang mati. Dan dari sana ia seakan-akan telah menerimanya kembali." Abraham melahirkan anaknya Ishak oleh kuasa Allah melalui Sara, yang telah melewati usia untuk hamil dan melahirkan anak. Jadi, ia percaya bahwa Allah akan menghidupkan kembali Ishak setelah ia menyerahkannya sebagai korban bakaran. Kita bisa melihat kepercayaan yang kokoh antara Allah dan Abraham melalui acara ini.

Pada banyak kesempatan kita bisa melihat betapa jujurnya Abraham . Ketika ia tiba di Betel dengan Lot keponakannya, jumlah ternak dan ternak begitu besar sehingga gembala mereka sering bertengkar. Di sini, Abraham menyerahkan kepada keponakannya dengan mengatakan,"Bukankah seluruh negeri ini terbuka untuk engkau? Baiklah pisahkanlah dirimu dari padaku; jika engkau ke kiri, maka aku ke kanan; atau jika engkau ke kanan, maka aku akan ke kiri" (Kejadian 13:9).

Lot pergi ke tanah Yordan yang memiliki cukup air, mencari yang terbaik bagi sendiri, dan sampailah ia di Sodom. Kota Sodom diserang dan banyak yang diambil sebagai tawanan. Setelah mendengar kabar ini Abraham memimpin orang-orangnya di bawah dia dan membawa kembali Lot dan orang-orang Sodom. Raja Sodom menawarinya harta, tetapi ia menolak untuk mengambil semua itu (Kejadian 14:15-23).

Ketika Sodom dan Gomora dihancurkan oleh api dari langit, Lot dan dua putrinya diselamatkan berkat doa Abraham (Kejadian 18). Juga, ketika Abraham membeli makam untuk istrinya Sara, orang Het menawarkan tanah mereka dan gua Makhpela kepadanya, tetapi dia membelinya dengan harga yang adil (Kejadian 23:16). Dia memiliki banyak anak dari istri keduanya, dan sementara ia masih hidup ia memberi mereka masing-masing hadiah sehingga mereka tidak akan memiliki konflik kemudian. Dari semua ini kita dapat melihat kebenaran yang Abraham miliki.

Yakobus 2:23-24 berkata, "...genaplah nas yang mengatakan: ',,Lalu percayalah Abraham kepada Allah, maka Allah memperhitungkan hal itu kepadanya sebagai kebenaran." Karena itu Abraham disebut: „Sahabat Allah." Jadi kamu lihat, bahwa manusia dibenarkan karena perbuatan-perbuatannya dan bukan hanya karena iman." Allah adalah kebenaran itu sendiri, dan Allah memberkati Abraham atas perbuatan imannya. Abraham kemudian tinggal di dekat takhta Allah di bagian paling terang dari ruang terang sebagai sahabat Allah.

Buah-Buah Terang Memimpin Kita Ke Ruang Terang

Agar perbuatan baik dapat dilihat sebagai buah dari Terang, ia harus mengandung kebenaran, yang merupakan kebenaran Allah. Tapi memiliki kebaikan dan kebenaran belumlah lengkap. Harus ada ketulusan dalamnya. Sehingga kita dapat menghasilkan buah Terang hanya ketika kita memiliki semua kebaikan, kebenaran, dan keadaan sebenarnya.

Sekarang, dalam rangka kita menghasilkan buah Terang sepenuhnya, kita harus melewati proses keluar dari kegelapan untuk masuk ke dalam terang, melalui teguran. Dikatakan dalam Efesus 5:11-13 KJV, "Janganlah turut mengambil bagian dalam perbuatan-perbuatan kegelapan yang tidak berbuahkan apa-apa, tetapi sebaliknya telanjangilah perbuatan-perbuatan itu. Sebab menyebutkan sajapun apa yang dibuat oleh mereka di tempat-tempat yang tersembunyi telah memalukan. Tetapi segala sesuatu yang sudah ditelanjangi oleh terang itu menjadi nampak: sebab semua yang nampak adalah terang."

Di sini, ditelanjangi bukanlah untuk memarahi perbuatan yang salah. Ini adalah teguran untuk membuat seseorang keluar dari kegelapan dan menuju terang. Kadang-kadang, ketika anggota gereja berada dalam situasi sulit karena dosa-dosa mereka, daripada mencoba untuk menghibur mereka saya membiarkan mereka mengerti mengapa mereka menghadapi ujian atau pencobaan. Saya menegur mereka karena tidak hidup dalam kebenaran. Tapi meskipun tidak ada orang yang menegur kita, adalah penting bahwa kita menegur diri kita sesuai dengan

Firman Allah jika kita telah melakukan sesuatu yang salah.

Ketika Allah mengungkapkan dan menunjukkan masing-masing dosa-dosa kita dan kegelapan, itu karena Dia mengasihi kita. Allah yang penuh kasih ingin anak-anak-Nya untuk tinggal dalam terang Allah yang sempurna sehingga mereka akan menerima berkat-berkat di bumi ini dan selanjutnya mereka akan berada di ruang terang di kerajaan Surga yang kekal di masa depan Untuk ini, kita harus membuang apa pun milik kegelapan dan menumbuhkan kesucian serta kesempurnaan sehingga kita dapat serupa dengan Allah yang adalah Terang (Matius 5:48; 1 Petrus 1:16).

Dari waktu semenjak ia bertemu Allah ketika dalam perjalanan ke Damsyik, Rasul Paulus membuat dirinya taat kepada Kristus dan memberitakan Injil kepada bangsa-bangsa lain yang tak terhitung banyaknya. Ia berkata, "Saudara-saudara, tiap-tiap hari aku berhadapan dengan maut. Demi kebanggaanku akan kamu dalam Kristus Yesus, Tuhan kita, aku katakan, bahwa hal ini benar". (1 Korintus 15:31).

Jika kita benar-benar membuang pikiran kedagingan yang memusuhi Allah dan mati dalam Tuhan setiap hari, dan hanya memiliki pemikiran rohani seperti, „Bagaimana saya bisa mencapai Kerajaan Allah dan kebenaran-Nya? Bagaimana saya bisa mensucikan hati saya sepenuhnya? Bagaimana saya bisa memimpin jiwa-jiwa lebih lagi ke Surga?" Itulah waktunya kita akan dapat menikmati kedamaian sejati dan menghasilkan buah Terang berlimpah.

Buah Terang bukan hanya tentang semua kebaikan, kebenaran, dan ketulusan, tapi itu adalah tentang semua jenis buah yang kita hasilkan dengan memiliki persekutuan dengan Allah dan memiliki hati Yesus Kritus, termasuk kasih rohani, buah-buahSukacita, dan buah-buahRoh Kudus.. Semua buah harus dilahirkan sepenuhnya dalam kita untuk dapat masuk ke dalamYerusalem Baru. Jika beberapa buah sepenuhnya matang sementara yang lain tidak, kita tidak akan memiliki kualifikasi untuk masukYerusalem Baru. Saya harap Anda semua akan rajin melakukan Firman Allah dan memiliki kualifikasi untuk masuk bagian terang dari ruang terang.

Bagian 2

Roh, Jiwa, dan Tubuh dalam Ruang Rohani

Kriteria dalam Pembagian Kategori Tempat Tinggal Sorgawi

Kemuliaan yang Diberikan di dalam Ruang Rohani

"Sesungguhnya aku menyatakan kepadamu suatu rahasia: kita tidak akan mati semuanya, tetapi kita semuanya akan diubah,sekejap mata, pada waktu bunyi nafiri yang terakhir. Sebab nafiri akan berbunyi dan orang-orang mati akan dibangkitkan dalam keadaan yang tidak dapat binasa dan kita semua akan diubah. Karena yang dapat binasa ini harus mengenakan yang tidak dapat binasa, dan yang dapat mati ini harus mengenakan yang tidak dapat mati." (1 Korintus 15:51-53).

Bab 1

Tempat Tinggal yang Berbeda

Tempat tinggal sorgawi yang akan kita terima akan berbeda
sesuai dengan sejauh mana kita menyerupai Allah
dan hidup sesuai dengan keinginanNya.
Kerajaan sorga memiliki tempat-tempat tinggal yang berbeda-beda.
Semakin baik tempat kediaman surgawi,
semakin besar kehormatan dan kebahagiaan yang bisa kita nikmati di sana.

Manusia memiliki kecenderungan untuk mempercayai sesuatu hanya jika mereka dapat melihat dan melihat dengan mata mereka sendiri. Tapi ada banyak hal yang manusia tidak benar-benar dapat lihat dengan mata mereka. Contohnya, angin dan wnagi bunga tidak dapat dilihat tetapi mereka hidup. Ada juga dunia rohani yang berada tingkat dimensiyang lebih tinggidari yang tampak ini, dunia jasmani. Tidaklah benar untuk menyangkal dunia rohani hanya karena dunia itu tidak tampak.

Dalam ruang rohani yang luas, kerajaan surga berada di dalam langit ketiga. Langit ketiga adalah ruang terbatas cahaya dan memiliki beberapa tempat tinggal yang berbeda dari surga ke Yerusalem Baru. Tempat tinggal surgawi yang diberikan kepada setiap orang yang diselamatkan akan berbeda sesuai dengan sejauh mana setiap orang menyelesaikan pengudusan dan hidup dengan kehendak Allah dalam iman. Dan menurut sejauh kita menjadi tipe orang yang Allah inginkan dalam kehidupan ini, kita akan menerima kemuliaan yang berbeda sebagai orang yang merupakan milik Surga.

Itulah mengapa 1 Korintus 15:40-41 tertulis, "Ada tubuh sorgawi dan ada tubuh duniawi, tetapi kemuliaan tubuh sorgawi lain dari pada kemuliaan tubuh duniawi. Kemuliaan matahari lain dari kemuliaan bulan, dan kemuliaan bulan lain dari kemuliaan bintang-bintang, dan kemuliaan bintang satu lain dengan kemuliaan bintang lain.

Kemuliaan Invidu di Surga

Salah satu sifat asli Allah adalah kekudusan. Alkitab sering berbicara tentang kekudusan karena Allah ingin manusia yang diciptakan menurut gambar Allah memiliki kesucian Allah. Imamat 20:26 berkata, "Kuduslah kamu bagi-Ku, sebab Aku ini, TUHAN, kudus dan Aku telah memisahkan kamu dari bangsa-bangsa lain, supaya kamu menjadi milik-Ku." 1 Petrus 1:16 berkata, „...Sebab ada tertulis: 'Kuduslah kamu, sebab Aku kudus.'"

Oleh karena itu, mereka yang hidup dengan kehendak Allah yang kudus adalah orang-orang yang menjadi milik surga. Mereka akan menikmati kemuliaan surgawi di kerajaan surgawi. Di sisi lain, mereka yang tinggal dalam dosa dan kejahatan, yang bertentangan dengan kehendak Allah, adalah orang-orang yang termasuk ke bumi, dan akibatnya, mereka akan pergi ke neraka.

Orang-orang yang berasal dari bumi tidak hanya orang-orang yang tidak menerimaYesus Kritus dan tidak percaya dalam Allah. Dalam Matius 7:21 dikatakan, "Bukan setiap orang yang berseru kepadaku, 'Tuhan, Tuhan, akan masuk ke dalam kerajaan surga, melainkan dia yang melakukan kehendak Bapa ku yang di surga". Bahkan jika mereka berkata, 'Tuhan, Tuhan, ,dan mengatakan bahwa mereka percaya kepada-Nya, mereka masih di antara mereka yang menjadi milik bumi selama mereka tidak melakukan kehendak Allah.

Apa yang harus kita lakukan untuk masuk ke dalam kerajaan surgawi dan menikmati kemuliaan matahari sebagai orang milik surga? dalam Ibrani 12:4 kita menemukan bahwa selama hidup kita di bumi ini, kita harus berjuang melawan dan melemparkan segala dosa kita ,untuk sampai mencucurkan darah'. Selanjutnya, dalam 1 Tesalonika 5:22 dikatakan bahwa kita harus mencapai kekudusan dengan menyingkirkan segala bentuk kejahatan dan menjadi penuh dalam Roh. Sama seperti cahaya matahari, cahaya bulan, dan cahaya yang bintang-bintang memberikan semua berbeda, kemuliaan orang-orang yang termasuk ke surga akan berbeda juga.

Yesaya 60:1 berkata, "Bangkitlah, menjadi teranglah, sebab terangmu datang, dan kemuliaan TUHAN terbit atasmu." Setelah kita menerimaYesus Kristus yang datang sebagai Terang dunia, kami jadi memancarkan terang rohani sejauh kita bertindak dengan Firman Allah. Sebagai orang yang berasal dari surga, kita harus memberikan cahaya seterang sinar matahari di siang hari sehingga kita dapat mengusir kuasa kegelapan, memimpin jiwa-jiwa ke jalan keselamatan, dan memberikan kemuliaan kepada Allah.

Surga Memiliki Banyak Tempat Tinggal

Yesus memiliki perjamuan Paskah dengan murid-murid-Nya di ruang atas di sebelah kanan Markus sebelum kematian-Nya. Pada Perjamuan Terakhir, Ia mengingatkan mereka tentang keberadaan kerajaan surga sehingga mereka akan memiliki harapan untuk itu.

Yesus berkata dalam Yohanes 14:2-3, "Di rumah Bapa-Ku banyak tempat tinggal; jika tidak demikian, tentu Aku mengatakannya kepadamu, sebab Aku pergi ke situ untuk menyediakan tempat bagimu. Dan jika Aku pergi dan menyiapkan tempat bagimu, Aku akan datang kembali, dan menerima engkau kepada Diri-Ku, supaya di mana aku berada, kau juga ada di sana"

Yesus dibangkitkan pada hari ketiga setelah Dia disalibkan dan naik ke surga dalam pandangan banyak orang. Ia pergi untuk mempersiapkan tempat tinggal di Surga di mana anak-anak Allah akan tinggal selamanya. Ketika Ia berkata, ""Di rumah Bapa-Ku banyak tempat tinggal;"Dia mengungkapkan keinginan bahwa semua orang harus diselamatkan.1 Timothy 2:4).

Surga adalah ruang rohani yang diciptakan bahkan sebelum Allah Tritunggal menciptakan bumi. Ini adalah ruang terbatas yang mendalam, lebar, kerapatan, dan volume tidak dapat diukur dengan pikiran manusia. Ada takhta Allah, makhluk rohani yang tak terhitung jumlahnya, dan rumah-rumah di mana anak-anak Allah akan hidup selamanya. Di pusat Kerajaan Sorga ada Yerusalem Baru, yang merupakan tempat tinggal yang paling mulia Surga.

Terang rohani yang mengalir dari tahta Allah dan sungai air kehidupan membuat anak-anak Allah merasa lebih bahagia dan lebih terhormat. Allah memberi kita masing-masing tempat tinggal yang sesuai dan menghadiahi kita sesuai dengan apa iman kita miliki dan bagaimana kita memuliakan Allah di bumi ini.

KotaYerusalem Baru terletak di puncak surga ketiga, dan ',bawah' Yerusalem Baru adalah Kerajaan Surga ketiga, Kedua, dan Pertama, dan surga. Ini tidak berarti, bagaimanapun, bahwa mereka berlapis-lapis seperti sebuah bangunan di bumi ini dengan satu harfiah di atas yang lain. Semua tempat tinggal di Surga yang horizontal dan vertikal belum memiliki ketinggian yang berbeda.

Surga Mengalami Kekerasan

Matius 11:12 berkata, "Sejak tampilnya Yohanes pembaptis hingga sekarang, kerajaan surga diserong, dan orang yang menyerongnya mencoba menguasainya". Surga adalah tempat yang indah dan damai, dan mengapa dikatakan surga itu menderita kekerasan,

Ini berarti mereka yang memiliki harapan besar untuk kerajaan surgawi akan menjalani kehidupan rajin dalam iman dan mencoba untuk masuk ke dalam kotaYerusalem Baru. Kehidupan yang rajin ini disebut sebagai ungkapan 'orang yang menyerongnya mencoba menguasainya..

Nah, kepada siapa mereka harus melakukan kekerasan? Mereka mlakukan kekerasan terhadap Iblis dan setan yang menghasut manusia untuk melakukan dosa. Agar dapat masuk ke Surga kita harus memerangi kegelapan dan mengalahkannya. Untuk membuat manusia jatuh, Iblis menggoda karakter dosa manusia dan membuat mereka melakukan dosa. Di sini, orang-orang yang sungguh merindukan kerajaan surga akan mengalahkannya dengan Firman Allah.

Kita dapat mengambil kota Yerusalem Baru dengan kekerasan sejauh kita menjadi anak-anak Allah yang kudus melalui Firman Allah dan doa (1 Timotius 4:5). Dari 2 Korintus 12:1 d iatas, kita melihat rasul Paulus pergi ke langit, di langit ketiga, dan mempelajari rahasia-rahasia besar dari Kerajaan Sorga. Sejak saat itu ia terus berjuang melawan pertarungan yang baik sampai ia menjadi martir. Ia membawa kota Yerusalem Baru dengan kekerasan, menengadah ke mahkota kebenaran yang Allah telah persiapkan untuknya.

Wahyu 19:7-8 tertulis, "Lalu aku mendengar seperti suara himpunan besar orang banyak, seperti desau air bah dan seperti deru guruh yang hebat, katanya: Itu diberikan kepadanya untuk pakaian dirinya lenan halus, cerah dan bersih; untuk Lenan halus itu adalah perbuatan yang benar dari orang-orang kudus, „ and Wahyu 22:14 juga berkata, "Berbahagialah mereka yang membasuh jubahnya. Mereka akan memperoleh hak atas pohon-pohon kehidupan dan masuk melalui pintu-pintu gerbang ke dalam kota itu."

Disini 'jubah' dan 'kain lena baik, merujuk kepada hati dan

perbuatan manusia. Kita bisa melewati gerbang dan masuk ke kota suci hanya ketika kita memurnikan hati dan perbuatan kita. Sebagai ‚gerbang' yang digunakan, kita dapat melihat bahwa ada banyak gerbang. Dalam rangka agar kita dapat memasuki Yerusalem Baru, pertama-tama kita harus melalui gerbang keselamatan dan memperoleh kualifikasi untuk masuk surga. Kemudian, kita harus melewati gerbang Kerajaan Pertama, Kedua, dan Ketiga Surga. Terakhir, kita harus melewati Gerbang MutiaraYerusalem Baru.

Inilah alasan mengapa itu dikatakan'‚gerbang', dan kita bisa belajar dari ayat ini bahwa tidak semua orang yang diselamatkan akan menerima kemuliaan yang sama di Surga. Ini adalah sesuatu yang kami harus sangat syukuri bahwa kita tahu tentang kerajaan surgawi ini dan berusaha untuk mengambil tempat tinggal yang lebih baik dengan kekuatan.

Alasan Mengapa Tempat Tinggal Surgawi Dibagi-bagi

Siapa saja yang menerimaYesus Kristus, Tapi jangan menyunat hati mereka dan dengan demikian tidak membuang kejahatan, memiliki terang rohani yang sangat redup. Tetapi mereka yang telah membuang segala bentuk kejahatan dan telah disucikan memiliki terang rohani yang sangat kuat. Seperti dinyatakan sebelumnya, setiap orang percaya memiliki kecerahan terang rohaninya yang berbeda-beda. Orang-orang percaya lebih mempraktikkan Firman Allah dan membuang dosa, mereka lebih terang dan terang yang memancar dari mereka itu lebih indah. Mereka yang telah menjadi benar-benar dikuduskan memiliki cahaya yang begitu terang sehingga mereka yang tidak memiliki bahkan tidak bisa melihat secara langsung mereka.

Jika kita hanya berpikir dengan akal sehat manusia, kita dapat dengan mudah memahami bahwa sulit bagi orang yang memiliki terang rohani yang kuat dan orang yang tidak untuk berbaur dan hidup bersama. Bahkan di bumi ini, lebih nyaman bagi anak-anak untuk berkumpul dengan anak-anak, remaja dengan remaja, dan orang dewasa dengan orang dewasa. Anak-anak dan orang dewasa tidak bisa benar-benar menjadi teman karena mereka tinggal di dunia berbeda, dan kecerdasan mereka dan cara berpikir semua berbeda secara signifikan.

Demikian pula, mereka yang memiliki terang serupa terang rohani akan diam di tempat yang sama. Bagaimana jika semua orang tinggal di satu ruang yang sama dalam kerajaan surga yang kekal? Mereka yang dikuduskan akan mengerti hati satu sama lain dan mereka tidak akan memiliki ketidaknyamanan. Tetapi mereka yang tidak dikuduskan tidak bisa benar-benar memahami mereka. Untuk alasan ini, Allah mengkategorikan beberapa tempat tinggal yang berbeda sehingga orang dengan besaran kecerahan rohani yang sama dapat tinggal dengan nyaman bersama-sama.

Wahyu 21:23 berkata, "Dan kota itu tidak memerlukan matahari dan bulan untuk menyinarinya, sebab kemuliaan Allah meneranginya dan Anak Domba itu adalah lampunya." Di antara tempat tinggal beberapa surgawi, kota Yerusalem Baru adalah kristaloid pengusahaan manusia yang Allah rencanakan. Ini adalah tempat di mana Allah dapat berbagi kasih dengan anak-anak-Nya selamanya. Allah telah mempersiapkan Kerajaan Ketiga, Kedua, dan Pertama, dan Surga bagi mereka yang tidak benar-benar menumbuhkan hati kebenaran dan tidak memenuhi syarat untuk masukYerusalem Baru

Sekarang, mari kita menyelidiki beberapa karakteristik setiap tempat kediaman dari Surga hingga kota Yerusalem Baru. Kita juga akan melihat jenis-jenis orang seperti apa yang pergi ke masing-masing tempat tinggal.

Firdaus, Tempat kediaman bagi Mereka yang Hampir Tidak Diselamatkan

Allah mengirim Yesus ke dalam dunia ini bagi kita yang akan pergi menuju jalan kematian karena dosa. Yesus menebus kita atas segala dosa kita melalui penyalibanNya. Jika kita percaya bahwa Ia hanya satu-satunya jalan untuk keselamatan dan menerimaNya sebagai Juru Selamat pribadi, Allah memberikan kita hadiah yaituRoh Kudus. Sekali kita menerimaRoh Kudus, roh kita yang telah mati karena dosa Adam akan dibangkitkan, dan kita menerima hak untuk memanggil Allah 'Bapa kita'. Itu berarti kita menjadi anak-anak Allah, nama kita dicatat dalam Kitab Kehidupan dan kita diberikan kewarganegaraan dalam kerajaan surga.

Tapi setelah kematian roh kita yang telah dibangkitkan, roh ini tidak dapat bertumbuh apabila kita tidak melakukan Firman Allah dan membuang semua dosa. Roh kita bertumbuh meningkat ketika kita membuang semua dosa. kita dapat pergi ke dalam Yerusalem Baru hanya ketika kita telah disembuhakn secara penuh gambaran Bapa yang hilang dengan membuat roh kita bertumbuh secara penuh. Jika roh kita tidak bertumbuh dan jika kita baru saja menerima keselamatan memiliki iman sebesar biji sesawi, maka kita akan pergi ke Surga. dalam terminologi tingkatan iman, iman ini berada pada tingkat yang paling pertama. Tingkat pertama iman adalah tingkat dimana kita menerima keselamatan dengan rasa malu.

Surga adalah tempat yang dibuat dengan kasih dan belas kasihan Allah. Allah telah menyiapkan tempat ini bagi orang-orang yang telah diselamatkan tetapi tidak layak untuk disebut anak-anak Allah. Seakan-akan memalukan untuk menyebut mereka anak-anak Allga tetapi Allah tidak dapat mengirim mereka ke Neraka. Tapi dalam faktanya, Surga akan memuat jumlah orang percaya paling besar dibandingkan tempat kediaman lainnya. Tempat ini bahkan lebih luas dibandingkan dengan alam semesta di langit pertama. Orang-orang surga akan berterimakasih dan hidup berbahagia selamanya hanya karena fakta bahwa mereka tidak masuk Neraka tetapi diselamatkan.

Meskipun itu adalah tempat kediaman dengnan level paling bawah, masih tidak ada tempat di bumi yang memiliki kecantikan dan keindahan untuk dapat dibandingkan dengannya. Pada dataran yang luas yang memiliki harmoni sempurna akan keindahan bunga dan pohon hijau, berbagai hewan berkeliling-keliling dan semua hewan ini tampak menyenangkan.

Pada bumi ini, pohon dan tumbuhan akan layu dan mati dengan berjalannya waktu. Tetapi pohon-pohon Surga selalu selalu hijau dan bunga-bunga tidak pernah mati. Orang-orang mendekatinya, bunga itu akan bergoyang dan seterusnya atau membuka dan menutup kuncupnya dimana mereka mengeluarkan bau yang unik dan indah seperti mereka tengah menyambut orang-orang. Ada begitu banyak jenis buah-buahan. Mereka sedikit lebih besar dibandingkan bumi ini dan memiliki aurora kecemerlangan. Orang dapat memakan mereka langsung dari pohon karena tidak ada debu atau serangga.

Mereka dapat duduk di hamparan rumput dan memiliki pembicaraan yang bersahabat ketika memakan buah. Orang-orang ini belum melakukan apapun bagi kerajaan Surga selama hidup membumi, sehingga mereka tidak dapat menerima di Surga. Tapi mereka begitu bahagia hanya karena fakta bahwa tidak ada cukacita, penyakit, luka, atau kematiaan, luka, atau kematian. Dalam kesempatan dan kasus yang sangat kuar basa, beberapa diantaranya dapat diundang untuk kegiatan yang dilakukan di Yerusalem Baru

Tapi ada perbedaan terang antara mereka yang berada dalam Yerusalem Baru dan mereka yang berada dalam Surga, jadi orang-orang dalam surga tidak selalu menerima undangan karena mereka terlalu malu untuk pergi. Mereka melaukan kunjungan, mereka harus mengikuti permintaan dan waktu yang tepat. Mereka akan sangat berbahagia hanya dengan mengunjungki kota mulia, Yerusalem Baru.

Hanya karena Surga adalah tingkat kediaman paling rendah dii Surga, kita tidak bisa merendahkan kecantikan dan kebahagiaan didalamnya. Lebih dulu tempay ini bagi orang-orang yang diselamatkan dengan malu, masih tempat yang tidak dapat dibandingkan dengan tempat manapun dalam hal keindahan, dan bahkan lebih indah dibandingkan dengan Taman Eden tempat dimana Adam hidup dulunya.

Kerajaan Surga Pertama

Kerajaan Surga Pertama adalah tempat yang lebih undah dan bahagia dibandingkan Surga. Segalanya secara lingkuang lebih indah dibandingkan dengan Surga. Ini adalah tempat bagi mereka yang meneriman Yesus Kristus membuat roh mati mereka dibangkitkan, dan telah mencoba untuk menaruh Firman Allah menjadi suatu perbuatan tetapi tidak melakukannya secara penuh. Yaitu bagi mereka yang memiliki tingkat iman kedua dalam prose pertumbuhan iman.

Dalam Kerajaan Surga Pertama, mereka menerima hadiah dan sebuah rumah menurut apa yang telah mereka lakukan di bumi ini. Rumah dalam Kerajaan Surga Pertama seperti apartemen di bumi ini. Tetapi mereka membangunnya dengan emas dan batu-batu mulia lainnya menutut selera pemiliknya.

Ada lift dalam bangunan, dimana dijalankan oleh kuasa Allah, dan membawamu ke langit yang kau inginkan tanpa menekan tombol.

Bagi mereka yang masuk kedalam Kerajaan Surga Pertama (1 Korintus 9:25). Itu seperti hadiah keikutsertaan. Mereka mengetahui Firma Allah tetapi tidak melakukannya di bumi ini. Mereka tahu mereka harus membuang semua dosa tetapi mereka tidak membuang banyak perbuatan dosa mereka. Tetapi Allah mempertimbangkan usaha mereka untuk melakukan FirmanNya sebagai iman mereka dan memberikan mereka hadiah yang sesuai.

Ada banyak taman indah dalam Kerajaan Surga Pertama. Ada juga fasilitas rekreasi seperti taman yang besar dengan banyak pohon, taman hiburan, danau, jalan untuk berjalan, kolam renang, lapangan golf, lapangan tenis, dan lain-lain. Tetapi kecuali tempat individu untuk hidup dan mahkota yang diberukan, semuanya adalah untuk kegunaan umum. Sama sperti memiliki taman atau fasilitas olahraga dalam kompleks apartemenj bagi penggunaan umum.

Tidak ada malaikat yang melayani secara personal. Bagaimanapun, orang-orang dapat menerima petunjuk malaikat dimanapun. Itu perubahan utamanya dengan Surga. Cotohnya, ketika kita berjalan di bangku, merke dapat menanyakan malaikat untuk mendapatkan beberapa buah jika mereka menginginkan buah untuk dimakan. Tetapi di Surga, mereka memiliki buah dengan sendirinya. Jadi, ada perberdaan besar dalam cara hidup antara mereka yang di dalam Surga dan mereka yang di dalam Kerajaan Surga Pertama. Mereka yang ada di dalam Kerajaan Surga Pertama tidak menjadi ceumburu kepada mereka yang hidup dalam tempat kediaman yang lebih tinggi. Semua orang merasakan kebahagiaan dan kepuasan sepenuhnya pada setiap tempat kediaman.

Kerajaan Surga Kedua

Kerajaan Surga Kedua bahkan lebih putih dan lebih indah di Kerajaan Surga. Bangunan yang dibangun denga batu yang berharga adalah lebih indah indah. Jumlah perbedaan jenis hewan dan tumbuhan bermacam-macam daripada dalam Sirga dan Kerajaan. Bahkan jenis hewan atau tanaman yang sama jauh lebih indah dibandingkan dengan Kerajaan Surga Pertama. Dalam kasus hewan, fisik Grace lebih elegan dan indah jauh lebih baik, dan warna bulu dan bulu binatang jauh lebih brilian. sama seperti aroma dan warna bunga

Kerajaan Surga Kedia adalah bagi mereka yang melakukan Firman Allah dalam perbuatan, tetapi belum menyelesaikan penyucians secara lengkap, yaitu bagi mereka yang berada dalam tingkat hati ketiga. Mereka membuang semua dosa dalam perbuatan tetapi tidak secara penuh membuang semua perbuatan dosa dalam pikiran dan dosa dalam hati.

Mereka akan memberikan rumah untuk rumah sesuai individu, dan mereka akan memiliki pelat nama pada gerbang. Rumah ini begitu indah dan menyenangkan dibandingkan dengan semua mansion di bumi ini. Penghargaan umum diberikan selain rumah yaitu mahkota kemuliaan. Mereka memuliakan Allah di bumi ini sampai batas tertentu, dan itulah sebabnya Allah memberi mereka mahkota kemuliaan (1 Petrus 5:4).

Selain mahkota dan rumah, mereka yang masuk ke Kerajaan Surga Kedua dapat memiliki sesuatu individual yang paling mereka inginkan. Jika mereka ingin memiliki kolam renang, mereka dapat memiliki kolam renang yang indah yang dibuat dengan batu permata yang indah. Jika mereka menginginkan danau, mereka dapat memilikinya. Jika mereka menginginkan ballroom, mereka dapat memilikinya. Jika mereka suka berjalan-jalan, mereka dapat memiliki jalur untuk berjalan yang memiliki banyak tanaman dan bunga di sepanjang jalan dan hewan yang indah banyak berkeliaran di sekitar.

Karena setiap orang memiliki selera yang berbeda, ada segala macam fasilitas yang berbeda, sehingga mereka dapat mengunjungi rumah masing-masing untuk melihat dan menggunakan fasilitas tersebut berbeda bersama-sama. Dalam Surga orang melayani semua orang, sehingga tidak ada yang menolak siapa saja yang mungkin datang ke rumahnya untuk berkunjung. Melainkan, mereka menjadi lebih bahagia karena mereka dapat berbagi akan apa yang mereka miliki. Para pengunjung tidak mencari keuntungan mereka sendiri baik, sehingga mereka melakukan kunjungan dalam batas-batas bersikap sopan.

Mereka yang berada di Kerajaan Surga Kedua tidak merasa kasihan atau iri atas apa yang orang lain hanya karena mereka hanya memiliki satu fasilitas. Tapi mereka agak bersyukur bahwa Allah telah memberi mereka berkat yang besar seperti yang jauh lebih dari apa yang mereka lakukan di bumi ini. Satu hal yang ada di pikiran mereka adalah bahwa mereka tidak benar-benar menyucikan dirinya selama hidup mereka di bumi ini. Mereka akan sangat malu karena fakta bahwa mereka tidak membuang kejahatan sepenuhnya bahwa mereka juga tidak bisa mengangkat wajah mereka di hadapan Allah.

Kerajaan Surga Ketiga

Perbedaan antara kemuliaan Kerajaan Surga Kedua dan Kerajaan Surga Ketiga adalah seperti perbedaan antara langit dan bumi. Perbedaan ini berasal dari apakah atau tidak suatu pengudusan dicapai individu. Mereka yang berada di Kerajaan Surga Ketiga berada pada tingkat keempat dari iman. Mereka dicapai kekudusan sehingga mereka dapat memiliki semua jenis fasilitas yang mereka inginkan sebagai hadiah mereka. Mereka dapat memiliki lapangan golf, kolam renang, dan ballroom, yang mereka bisa memiliki apa pun yang mereka inginkan sehingga mereka tidak harus menggunakan fasilitas di rumah orang lain.

Rumah-rumah memiliki beberapa cerita, dan mereka begitu besar dan mewah yang bahkan milyarder di bumi ini tidak bisa meniru rumah tersebut. Mereka memiliki kebun yang luas penuh dengan bunga harum dan pohon-pohon yang indah dihiasi. Ikan dari berbagai jenis dan warna berenang di danau yang memancarkan terang yang cemerlang menyilaukan. Tentu saja, rumah-rumah ini akan lebih kecil dibandingkan di Yerusalem Baru dalam hal, keindahan, ukuran, dan kemuliaan. Berbicara dari segi rasio, jika kita mengatakan tanah rumah terkecil di New Yerusalem adalah 100 unit, rumah terbesar di Kerajaan Ketiga Surga hanya 60 unit. Hal ini memberitahu kita bahwa Allah begitu senang dengan mereka yang masuk ke Yerusalem Baru.

Rumah-rumah di Kerajaan Surga Ketiga memberikan aroma yang indah dan lampu sejauh yang pemilik rumah menyerupai Allah. Faktor umum dari rumah di kedua Kerajaan Ketiga Surga dan Yerusalem Baru adalah bahwa mereka tidak memiliki pelat nama. Rumah-rumah sendiri memberikan aroma yang unik dan lampu aurora seperti yang mewakili pemilik, sehingga semua orang tahu yang punya rumah ini tanpa papan nama. Hal ini juga karena di antara semua orang beriman yang masuk ke kerajaan surgawi, ada relatif hanya sedikit yang masuk ke Kerajaan Surga Ketiga atau Yerusalem Baru.

Ini bukan hanya tentang rumah. Bahkan jalan emas yang sama yang lebih terang dan lebih berharga daripada Kerajaa Surga Kedua. Karena mereka dapat memiliki semua fasilitas yang mereka inginkan, di Kerajaan Surga Ketiga, ada banyak malaikat yang juga diberikan. Ada banyak malaikat membantu yang mengelola rumah dan pengunjung. Sampai Kerajaan Surga Kedua tidak ada malaikat pribadi yang melayani tetapi dalam Kerajaan Ketiga Surga dan Yerusalem Baru malaikat ditugaskan untuk semua warga di sana. Mereka juga memiliki awan seperti mobil untuk keperluan umum, dan mereka dapat melakukan perjalanan kerajaan surgawi tak berujung yang mereka inginkan.

Sebuah mahkota kehidupan yang diberikan kepada warga di Kerajaa Surga . Ini adalah hadiah dasar yang diberikan karena mereka lulus tes memberikan hidup mereka bagi Tuhan (Yakobus 1:12). Mereka yang berada di Kerajaan Surga Ketiga menjalani hidup seperti mulia dibandingkan dengan mereka yang berada di Kerajaan Surga Kedua. Tetapi bahkan orang-orang ini memiliki beberapa penyesalan ketika mereka melihat Yerusalem Baru. Oleh karena itu, sangat penting bahwa kita menyenangkan Allah dengan menjadi setia dalam rumah semua Allah bersama dengan budidaya kesucian dalam diri kita.

Yerusalem Baru, Tempat Kediaman bagi Orang-Orang dengan Iman yang Utuh

Rasul Yohanes mengatakan tentang kemuliaan kota Yerusalem Baru dalam Wahyu 21:11,"...cahayanya sama seperti permata yang paling indah, bagaikan permata yaspis, jernih seperti kristal."

Seluruh kota dikelilingi oleh kemuliaan Allah. Terang yang berasal dari kota Yerusalem Baru begitu bermartabat dan indah bahwa kita tidak akan mampu menahan seruan kita jika kita melihatnya. Ini adalah tempat yang indah dan megah, jauh di luar imajinasi kita. Hal ini diberikan kepada mereka yang benar-benar mencapai kekudusan secara penuh, yang setia di semua rumah Allah, dan yang mengikuti kehendak-Nya dengan pemahaman tentang hati Allah yang mendalam. Yaitu, tempat tinggal bagi orang-orang dari seluruh semangat yang telah mencapai tingkat kelima dari iman.

Kota ini dikelilingi oleh tembok tinggi yang memberikan terang brilian, dan ini adalah batas antara Kerajaan Surga Ketiga dan kota Yerusalem Baru. Pengukuran kota Yerusalem Baru adalah sama lebar, tinggi, dan. panjang Masing-masing adalah 12.000 stadia (Wahyu 21:16). Sebuah stadion adalah ukuran jarak, dan 12.000 stadia sekitar 2.400 km.

Jika Anda melihat kota Yerusalem Baru horizontal, yaitu panjang dan lebar, daerah kota adalah 58 kali luas Korea Selatan. Tapi ini perhitungan daerah hanya dua dimensi. Yerusalem Baru juga memiliki tinggi 2.400 km. Oleh karena itu, kita tidak bisa sepenuhnya memahami ruang di kota Yerusalem Baru hanya dengan konsep kita tentang daerah.

Masing-masing dari keempat sisi tembok kota memiliki tiga gerbang mutiara, yang dalam total dua belas pintu gerbang. Batu fondasi tembok kota adalah dua belas jenis batu permata yang berharga. Setiap gerbang dijaga oleh malaikat, dan jalan-jalan yang dibuat dengan emas murni yang seperti sejernih kristal kaca. Ada juga banyak batu permata berharga lainnya selain dua belas batu fondasi. Beberapa dari mereka begitu besar bahwa kita tidak bisa membayangkan ukurannya. Beberapa orang lain memberikan lapisan dua atau tiga lampu yang berbeda.

Bagian dalam kota Yerusalem Baru dapat dibagi menjadi daerah Allah Bapa, daerah dari Tuhan, dan daerahRoh Kudus. Di daerah Bapa terletak rumah-rumah leluhur iman yang aktif dalam masa Perjanjian Lama, termasuk, namun tidak terbatas pada Elia, Henokh, Musa, dan Abraham. Ke kanan dan ke bawah dari tahta Allah adalah wilayah Allah, di mana benteng utama dari Tuhan yang memiliki atap emas berada. Sekitar benteng adalah bangunan lain dari berbagai warna dan bentuk. Pada kedekatan terdekat terletak rumah dari murid-murid-Nya

Petrus, Yohanes, dan Yakobus, dan kemudian rumah-rumah murid-murid lainnya.

Ke kiri dan ke bawah dari tahta Allah adalah daerah Roh Kudus, yang pada umumnya memberikan keluar perasaan lembut dan ringan seperti dari seorang ibu. Di daerah ini terletak rumah-rumah mereka yang sudah muncul sebagai orang-orang dari seluruh roh selama eraRoh Kudus. Beberapa rumah sudah diselesaikan, sementara beberapa rumah lainnya sedang dihiasi dengan permata yang indah, dan hampir lengkap. Untuk beberapa rumah, tanah mereka sedang diperbesar, karena pemilik rumah masih menyimpan jiwa lebih di bumi ini.

Rumah-rumah dalam Yerusalem Baru adalah sebagai besar dan indah sebagai istana raksasa. Mereka akan diberikan tanah sejauh bahwa mereka telah mencapai kelemahlembutan di bumi ini, dan mereka yang berada di Yerusalem Baru akan diberikan sepotong besar lahan untuk rumah mereka karena mereka telah dibudidayakan banyak kelemahlembutan. Setiap rumah memiliki semua fasilitas yang pemilik inginkan, dan dapat dengan mudah mengatakan yang punya rumah ini karena dibangun sesuai dengan iman, penghargaan, dan selera pemilik. Cahaya kemuliaan Allah dan permata yang menghiasi setiap rumah memberitahu kita sejauh mana pemilik dibudidayakan kekudusan dan bagaimana dia menyenangkan Allah di bumi ini. Mereka diberi hadiah yang indah bahwa mereka telah menyerahkan apa yang mereka suka, apa yang mereka ingin lakukan, dan apa yang mereka ingin miliki untuk Tuhan.

Mahkota emas dan mahkota kebenaran pada dasarnya akan diberikan kepada mereka yang masuk ke Yerusalem Baru. Mahkota emas memiliki berbagai jenis dekorasi dari batu mulia. Wahyu 4:4 berkata,, Dan sekeliling takhta itu ada dua puluh empat takhta, dan di takhta-takhta itu duduk dua puluh empat tua-tua, yang memakai pakaian putih dan mahkota emas di kepala mereka.""

Emas dari mahkota emas adalah emas murni yang tidak memiliki zat asing lain di dalamnya. Ini merupakan iman yang benar yang tidak pernah berubah. Ini adalah hadiah yang diberikan untuk fakta bahwa mereka mencapai ukuran iman yang menyenangkan Allah.

Mahkota kebenaran diberikan kepada mereka yang telah dibudidayakan hati yang murni yang tidak bersalah dan bersih dan yang telah setia kepada kerajaan Allah (2 Timotius 4:7-8). Selain mahkota emas dan kebenaran, ada jenis-jenis mahkota lainnya yang akan diberikan kepada mereka yang masuk ke dalam Yerusalem Baru juga Untuk setiap acara di mana mereka sangat memuliakan Allah di bumi ini, mahkota akan dihargai.

Selain ini, ada banyak hal lagi yang Tuhan siapkan bagi kita di kotaYerusalem Baru. Tentang ini, Wahyu 21:2 berkata, "Dan aku melihat kota yang kudus, Yerusalem yang baru, turun dari sorga, dari Allah, yang berhias bagaikan pengantin perempuan yang berdandan untuk suaminya. Sama seperti pengantin menghiasi diri mereka yang paling indah pada hari pernikahan, Allah telah menyiapkan kotaYerusalem Baru sebagai tempat yang paling indah, nyaman, menyenangkan dan paling bahagia di antara semua tempat tinggal surgawi.

Berbagai warna yang berasal dari batu permata brilian dari rumah masing-masing akan membuat harmoni yang sempurna dari warna. Beberapa rumah memiliki danau besar, hutan besar, dataran yang luas, sebuah taman indah dihiasi, fasilitas rekreasi, burung yang tak terhitung jumlahnya dan hewan yang indah. Hanya masuk kedalamYerusalem Baru sendiri akan memindahkan hati rakyat. Mereka akan menikmati kebahagiaan selamanya dalam kemuliaan dan emosi yang tidak dapat dijelaskan secara memadai.

TIdak banyak orang yang masuk ke dalamYerusalem BaruSejak dimulainya pengusahaan manusia. Tuhan ingin setiap orang untuk maju sebagai anak-anak-Nya yang sejati dan masuk keYerusalem Baru,tetapi ada begitu banyak orang yang hanya nyaris diselamatkan. Mereka selalu bersyukur hanya untuk fakta bahwa mereka tidak jatuh ke dalam neraka, dan sebagai gantinya, mereka dapat menikmati istirahat yang sejati dalamSurga.

Kebahagiaan yang jatuh dalamSurga tidak dapat bahkan mulai untuk dibandingkan dengan yang jatuh di dalamYerusalem Baru. Hal ini juga sangat berbeda dengan kebahagiaan yang dirasakan di Kerajaan Surga Pertama. Ada banyak perbedaan dalam lingkungan dan kondisi lain dari masing-masing tempat tinggal surgawi sesuai dengan keadilan Allah, dan ini sebenarnya kasih Allah bagi kita. Dia diizinkan untuk mereka yang berada pada tingkat yang sama semangat untuk hidup bersama sehingga mereka akan merasakan kebebasan maksimal dan kebahagiaan di setiap tempat tinggal. Dengan cara ini, orang tinggal di tempat tinggal masing-masing surgawi, dan untuk jenis kehidupan dimana mereka memiliki tubuh rohani yang paling cocok untuk ruang rohani.

Bab 2

Roh, Jiwa, dan Tubuh dalam Ruang Rohani

Pemberian Allah akan diberikan dalam ukuran yang berbeda sesuai dengan sejauh mana kita telah diusahakan roh, jiwa, dan tubuh milik roh ketika tinggal di ruang jasmani. Dia memberi kita kemuliaan yang kita nikmati di tempat tinggal surgawi kita serta pakaian, mahkota, dan dekorasi lainnya sesuai dengan apa yang telah kita lakukan.

Dalam film atau drama TV kadang-kadang kita melihat bahwa roh, yang tampak persis sama dengan orang, keluar dari tubuh. Roh yang telah keluar dari tubuh melihat tubuh berbaring dan bertanya-tanya dengan kejutan, „Mengapa orang seperti saya berbaring di sana?" Apakah hal semacam ini hanya sebuah fiksi yang hanya ada dalam film atau drama TV? Alkitab menulis tentang keberadaan dunia rohani dan roh kita.

Agar kita untuk hidup dalam kerajaan surga yang kekal nanti, kita harus memiliki roh, jiwa, dan tubuh yang dimiliki ruang jasmani. Semua manusia dilahirkan dengan roh yang mati karena dosa Adam. Sebagai hasilnya mereka hidup mengikuti nafsunya.. Tetapi sekali menerimaYesus Kristus dan menerima Roh Kudus, roh mereka yang mati bisa dihidupkan kembali, dan mereka dapat menjadi anak-anak Allah yang sejati yang panjang untuk dunia rohani.

Allah menciptakan manusia dan telah menanam manusia hanya sebagai petani menabur benih di lapangan dan memupuk mereka Hanya ketika kita memahami pemeliharan-Nya kita dapat menghidupkan kembali roh mati kita dan membuat roh kita, jiwa, dan tubuh menjadi milik roh. Kita bisa menikmati hidup dalam kerajaan surga yang kekal memiliki tubuh surgawi lengkap hanya ketika kita memiliki roh, jiwa, dan tubuh yang cocok untuk kehidupan di langit ketiga, yang merupakan ruang terang.

apa yang akan lihat lihat seperti dalam ruang terang? Di bumi ini, kita memiliki roh, jiwa, dan tubuh yang cocok untuk ruang jasmani. Tapi begitu kita masuk ke ruang rohani, kita harus memiliki roh, jiwa, dan tubuh yang sesuai untuk ruang tersebut.

1. Bentuk Rohani

Bentuk rohani adalah bentuk roh. Hal ini juga dapat dianggap kapal yang mengandung roh. Setiap orang yang diselamatkan memiliki bentuk yang dimiliki ke surga, dan kemuliaan masing-masing berbeda. Cahaya dari tubuh rohani berbeda-beda sesuai dengan ukuran masing-masing kekudusan seseorang. Kami akan memiliki tubuh yang dibangkitkan, dan kemudian tubuh surgawi yang disempurnakan setelah itu.

Formulir adalah bentuk substansi. Ketika kita melihat elang terbang di langit, kita bisa mengatakan itu adalah elang karena memiliki bentuk yang unik. Singa memiliki bentuk singa dan elang memiliki bentuk elang sehingga kita dapat membedakan mereka dari satu sama lain.

Tubuh fisik adalah bentuk fisik yang kita dapat lihat dengan mata kita. Dalam hal manusia, kita memiliki bentuk yang dimiliki bumi ini, yang merupakan tubuh jasmani kita, tetapi kita juga dapat memiliki bentuk ohani yang adalah milik surga.

1 Korintus 15:38-40 berkata, "Tetapi Allah memberikan kepadanya suatu tubuh, seperti yang dikehendaki-Nya: Ia memberikan kepada tiap-tiap biji tubuhnya sendiri. Bukan semua daging sama: daging manusia lain dari pada daging binatang, lain dari pada daging burung, lain dari pada daging ikan. Ada tubuh sorgawi dan ada tubuh duniawi, tetapi kemuliaan tubuh sorgawi lain dari pada kemuliaan tubuh duniawi." Sama seperti kita memiliki bentuk yang terlihat yang adalah tubuh jasmani kita, roh juga memiliki bentuk. Kita dapat mengatakan bahwa bentuk rohani adalah bejana untuk menjaga roh itu sendiri. Sedangkan bagi manusia, ketika kehidupan kita di bumi ini selesai, isi jiwa tidak padam tetapi terkandung dalam tubuh rohani. Terang dari tubuh rohani yang berbeda sesuai dengan sejauh mana telah mempraktekkan kebenaran di bumi ini. Tubuh rohani setiap orang berbeda, yang berarti satu tubuh dibedakan dari yang lain.

Melihat cahaya dari tubuh rohani, kita bahkan bisa membedakan mana tempat tinggal surgawi setiap orang ayang kan mewarisi jika Allah memanggilnya sekarang.

Bentuk rohani bukanlah sosok bayangan. rohani bukanlah Sosok Bayangan. Bentuknya jelas padat. Meskipun tampaknya seperti memiliki berat badan, tapi tidak ada. Namun sementara itu rasanya seperti itu memiliki berat, tidak ada berat badan. Hal ini seperti mengambil sepotong kertas tisu halus. Tidak merasa seperti ada beban apapun, tetapi sebenarnya ada berat. Tapi itu tidak berarti bahwa roh begitu lemah bahwa itu adalah sesuatu yang terpengaruh oleh angin. Hal ini sangat ringan sehingga tidak dapat ditimbang, tapi stabil.

Bentuk Rohani Adam

Adam adalah manusia pertama yang Allah ciptakan. Tuhan dengan hati-hati membuat semua isi perutnya, tulang, dan seluruh bentuk manusia, dan dia menjadi makhluk hidup, yaitu roh hidup, ketika Allah meniupkan ke dalam hidungnya nafas kehidupan. Jantung Adam mulai berdetak, darahnya beredar, dan organ-organ dan selnya berfungsi. Dia adalah makhluk indah yang memiliki daging dan tulang tak kan pernah tua dan yang tidak pernah akan binasa. Selain itu, ketika Allah meniupkan ke dalam dirinya nafas kehidupan, roh Adam datang untuk memiliki bentuk yang sama persis seperti tubuh jasmaninya. Setelah Adam memiliki bentuk dari tubuh jasmaninya, rohnya juga mnejadi memiliki bentuk yang tampak sama persis seperti tubuh jasmaninya. Roh Adam yang bisa berkomunikasi dengan Allah dan jiwanya yang bisa membantu roh yang terkandung dalam tubuh Adam.

Adam bisa memegang Firman Allah dan berkomunikasi dengan Allah karena jiwa dan tubuhnya mematuhi rohnya. Ketika ia diciptakan, rohnya yang terkandung dalam tubuh rohani seperti selembar kertas kosong. Jadi, Tuhan memimpin dia ke Taman Eden dan mengajarinya pengetahuan roh. Dan Allah berfirman kepada Adam"...Tetapi pohon pengetahuan tentang yang baik dan yang jahat itu, janganlah kaumakan buahnya, sebab pada hari engkau memakannya, pastilah engkau mati." (Kejadian 2:17).

Setelah menghabiskan waktu yang lama di Taman Eden, Adam memakan buah terlarang yang Hawa berikan kepadanya, yang ia makan setelah tergoda oleh Iblis. Akibatnya, sama seperti Allah telah mengatakan kata-kata, „Pastilah engkau mati," meninggallah roh Adam. Sehingga komunikasi dengan Allah terputus.

Tentu saja, roh Adam datang dari Allah, dan tidak pernah bisa menjadi benar-benar punah. Nafas kehidupan yang Allah tiupkan ke dalam lubang hidung Adam memiliki sifat kekekalan. Artinya, ia memiliki karakter yang ',tidak pernah binasa.'

Di sini, mengatakan bahwa jiwanya mati berarti bahwa komunikasi dengan Allah terputus dan aktivitas yang datang untuk perhentian yang lengkap. Seperti rohnya tidak lagi aktif, jiwa mengambil alih tempat master manusia dan memerintah tubuh. Sejak jatuhnya Adam, pengetahuan roh yang membuat Adam sebagai roh hidup mulai bocor keluar. Kemudian, atribut daging milik kegelapan mulai datang ke bentuk rohani. Mulai saat ini, tubuh Adam berada di bawah kendali tatanan jasmani. Ia menjadi makhluk yang harus berubah, tua, dan akhirnya menghadapi kematian.

Bentuk Rohani Orang pada Waktu Kematian

Sedangkan bagi manusia,setelah tubuh jasmaninya mati jiwa dan roh mereka akan terkandung dalam bentuk rohani dan mereka akan ada selamanya. Jiwa tidak bisa padam bahkan setelah kematian fisik karena dikombinasikan dengan roh dan terus memiliki operasi jiwa. Bahkan setelah tubuh mati dan fungsi otak berhenti, pengetahuan yang terkandung dalam otak akan tetap dalam bentuk rohani. Pikiran dan perasaan juga tetap. Semangat ini dikombinasikan dan jiwa yang dikenal sebagai ',jiwa-roh, „tetapi dalam banyak kasus kita hanya menyebut mereka sebagai' roh ,:

Di satu sisi, jika seseorang menerima Yesus Kristus, hidup dengan Firman Allah, dan telah memperoleh hak untuk masuk ke dalam ruang terang, bentuk rohaninya akan bersinar. Di sisi lain, jika roh seseorang mati karena ia tidak memiliki persekutuan dengan Allah yang adalah Terang tetapi hidup dalam dosa dan kejahatan yang ternoda oleh dunia, bentuk rohaninya hanya akan memiliki kegelapan.

Penampilan dari mereka yang diselamatkan dan mereka yang tidak akan benar-benar lengkap sebaliknya pada saat kematian mereka. Mereka yang tidak diselamatkan biasanya mati dalam ketakutan dengan mata mereka terbuka, tetapi mereka yang diselamatkan mati dalam damai dengan mata tertutup. Mereka datang untuk mengetahui bahwa ada surga dan neraka pada saat roh mereka keluar dari tubuh mereka.

Beberapa dari mereka yang tidak diselamatkan melihat bahwa utusan neraka yang menunggu mereka. Para utusan neraka yang penuh dengan kegelapan dari kepala sampai kaki. Mereka dalam jubah hitam. Mereka memiliki wajah pucat, bibir merah kehitaman, dan energi yang sangat gelap di bawah mata mereka. Betapa sungguh benar-benar penuh ketakutan seseorang yang akan menjadi sebagai utusan neraka dengan pendekatan seperti penampilan aneh! Pada saat itu, dia datang untuk mengetahui bahwa pasti ada Surga dan Neraka dan dia meninggal dalam ketakutan. Tapi itu sudah terlambat baginya. Menyesali masa lalunya tidak akan membantunya. Ia tidak dapat menghilang ketika diseret ke dalam Neraka.

Tapi mereka yang memelihara iman mereka dan menjalani hidup baik sebagai seorang Kristen tidak perlu takut pada apapun. Mereka melihat dua malaikat berjubah putih yang menunggu mereka sebelum kematian mereka, sehingga wajah mereka cerah dan mereka damai. Pada saat semangat mereka dipisahkan dari tubuh mereka, mereka merasa sukacita yang luar biasa dan sukacita dan kebahagiaan yang tak terlukiskan .

Ada seorang percaya yang meninggal setelah menjalani hidup dalam iman di gereja kami untuk beberapa waktu. Dia benar-benar baik hati dan begitu lembut bahwa dia tidak pernah punya masalah atau konflik dengan siapa pun. Dia memiliki kedamaian dengan semua orang dan dia hanya berbicara kata-kata kebaikan, cinta, dan kebenaran dengan kelembutan. Dia sungguh-sungguh mencintai Allah dan prioritas pertama selalu pekerjaan Allah. Dia tidak menyayangkan hidupnya saat itu bagi Kerajaan Allah Aku bisa melihat terang cemerlang seperti keluar dari tempat pemakamannya. Ketika saya melihat martabat para malaikat yang datang untuk mengambil jiwanya, saya bisa membayangkan jenis tempat tinggal surgawi yang akan ia masuki.

Bentuk Rohani Orang yang Diselamatkan

Ketika orang yang diselamatkan meninggal di dunia ini, maka rohnya akan keluar dari tubuh. Kini ada dua malaikat yang akan mendampingi rohnya dan membawanya ke ruang tunggu di Surga. Sebelum kebangkitan Tuhan, Kuburan Atas adalah ruang tunggu Surga. Tetapi setelahkebangkitan Dia, hal itu berubah. Jiwa-jiwa (roh-jiwa) tinggal di ruang tunggu lain di pinggiran Firdaus. Jiwa-jiwa itu yang diselamatkan selama masa Perjanjian Lama dipindahkan ke ruang tunggu ini juga.

Di masaPerjanjian Baru, orang-orfnag yang diselamatkan, ketika roh mereka meninggalkan tubuhnya pertama-tama mereka masuk keKuburan Atas. Mereka tinggal di sana selama tiga haru untuk beradaptasi dengan alam rohani dan menerima pelatihan serta pengetahun yang diperlukan untuk tinggal di alam rohani. Setelah itu mereka dipindahkan ke ruang tunggu di pinggiran Firdaus. Proses pengusahaan umat manusia akan berakhir pada saat kedatangan kembali Tuhan di udara. Sesudahnya adalah Kerajaan Seribu Tahun, dan ketika ini juga berakhir, akan ada Pengadilan Tahta Putih Besar. Melalui Pengdilan itu, Allah akan memberikan kepada masing-masing orang tempat tinggal surgawi dan upah menurut perbuatannya.

Nah, untuk orang-orang yang diselamatkan, penampilan seperti apakah yang dimiliki oleh bentuk rohani mereka? Jika kita mengetahui tentang bentuk rohani, kita dapat lebih mudah memahami tentang kebangkitan dan Pengangkatan. Jika seseorang meninggal saat ia masih anak-anak, maka bentuk rohaninya juga memiliki penampilan seorang anak. Jika ia mati muda, maka bentuk rohaninya juga akan terlihat muda. Jika seseorang meninggal sebagai orang yang sudah tua, maka bentuk rohaninya juga akan terlihat tua. Tetapi bentuk rohani tidak memiliki janggut, cacat, bekas luka, atau keriput. Bahkan jika seseorang meninggal akibat penyakit, bentuk rohaninya tetap akan sehat dan cantik/tampan. Bentuk rohani orang lansia akan terlihat mirip dengan penampilan tubuh fisiknya pada saat meninggal. Namun, mereka tidak terlihat rapuh melainkan memiliki penampilan tubuh yang sehat dan enerjik.

Mereka semua mengenakan jubah putih dan bentuk rohani mereka sendiri memancarkan cahaya. Kekuatan cahaya ini berbeda dari orang ke orang. Lebih banyak kekudusan yang dicapai seseorang, maka semakin terang dan semakin indah cahayanya. Menurut tingkat terangnya cahaya, maka tempat kediaman dan kemuliaan yang diberikan kepada masing-masing orang juga akan berbeda. Untuk wanita, panjang rambut mereka akan berbeda menurut ukuran kekudusan yang mereka usahakan. 1 Korintus 11:15 berkata, "...tetapi adalah kehormatan bagi perempuan, jika ia berambut panjang. Sebab rambut diberikan kepada perempuan untuk menjadi penudung."

Untuk para wanita yang akan masuk ke dalam Firdaus, Kerajaan Surga Pertama, atau Kerajaan Surga Kedua, maka rambut mereka akan sampai ke bahunya. Untuk yang masuk ke dalam Kerajaan Surga Ketiga, rambutnya akan panjang sampai bagian tengah punggungnya, dan mereka yang masuk keYerusalem Baru akan sampai pinggang. Tapi untuk pria, panjang rambutnya sama, yaitu sampai ke batas leher. Rambut di Surga adalah ikal keemasan untuk laki-laki dan perempuan.

Bentuk rohani di ruang tunggu Surga belumlah lengkap dan sempurna. Mereka masih menunggu kedatangan Tuhan yang kedua kali di udara, yang merupakan waktu untuk kebangkitan. Mereka dapat memiliki tubuh yang dibangkitkan ketika Tuhan datang kembali di udara.

Tubuh yang Dibangkitkan

Ketika Tuhan datang kembali di udara, jiwa-jiwa yang ada di ruang tunggu Surga akan dipersatukan dengan tubuh jasmani mereka yang akan dibangkitkan dari kuburan mereka. Itulah sebabnya Alkitab berkata bahwa orang yang meninggal sebagai orang percaya tidaklah mati melainkan tidur. Tubuh mereka yang mati dan dikubur akan dibangkitkan dan ditangkap di udara, serta bersatu dengan jiwa-roh mereka masing-masing. Kita menyebut tubuh dipersatukan ini sebagai 'tubuh kebangkitan'

Jika tubuhnya telah berubah menjadi segenggam debu setelah berada di kuburan untuk waktu yang lama, atau jika telah dikremasi, bagaimana bisa tubuhnya dibangkitkan dan dipersatukan dengan roh? Walaupun tidak kasat mata, unsur-unsur yang membentuk tubuh masih ada di bumi ini. Pada saat kedatangan Tuhan, semua unsur itu akan bergabung dan dibangkitkan kembali oleh kuasa Allah. Tubuh ini akan bertemu dengan roh-jiwa dan menjadi tubuh, jiwa, dan roh yang utuh.

Berikutnya, orang-orang yang menerima Tuhan hidup-hidup juga akan berubah menjadi tubuh rohani dan ditangkap di udara. Ini disebut 'Pengangkatan'. Ini dapat dibandingkan seperti magnet raksasa yang mengangkat debu besi ke udara.

1 Tesalonika 4:16-17 berkata, "Sebab pada waktu tanda diberi, yaitu pada waktu penghulu malaikat berseru dan sangkakala Allah berbunyi, maka Tuhan sendiri akan turun dari sorga dan mereka yang mati dalam Kristus akan lebih dahulu bangkit. Sesudah itu, kita yang hidup, yang masih tinggal, akan diangkat bersama-sama dengan mereka dalam awan menyongsong Tuhan di angkasa. Demikianlah kita akan selama-lamanya bersama-sama dengan Tuhan."

1 Korintus 15:51-53 berkata, "Sesungguhnya aku menyatakan kepadamu suatu rahasia: kita tidak akan mati semuanya, tetapi kita semuanya akan diubah, dalam sekejap mata, pada waktu bunyi nafiri yang terakhir. Sebab nafiri akan berbunyi dan orang-orang mati akan dibangkitkan dalam keadaan yang tidak dapat binasa dan kita semua akan diubah. Karena yang dapat binasa ini harus mengenakan yang tidak dapat binasa, dan yang dapat mati ini harus mengenakan yang tidak dapat mati."

Jiwa-jiwa yang diselamatkan ini akan bertemu dngan Tuhan di udara dan mengikuti perjamuan kawin selama tujuh tahun. Di sini, 'udara' merujuk pada ruang khusus yang brada di satu sisi Eden di surga kedua. Eden adalah ruang sangat luas yang termasukTaman Eden. Perjamuan Kawin Tujuh Tahun itu adalah waktu bagi jiwa-jiwa yang diselamatkan untuk dihibur dan menikmati kesenangan. Itu adalah waktu untuk merayakan usaha yang dilakukan selama periode pengusahaan manusia di bumi ini. Ini juga merupakan waktu untuk bersyukur kepada Allah dengan mengingat hidup kita di bumi ini.

Ketika mereka berubah ke tubuh kebangkitan, mreka akan

dapat melihat derajat kekudusan yang telah mereka cpaai dalam pengusahaan hati Tuhan. Mereka juga kemudian akan memiliki pemahaman samar akan upah dan kemuliaan seperti apa yang kemudian akan mereka terima pada Penghakiman Akhir. Mereka akan menghadiri Perjamuan Kawin Tujuh-tahun di udara dalam tubuh kebangkitan, dan kemudian mereka akan turun ke bumi ini untuk menghabiskan waktu seribu tahun.

Lalu, apa bedanya tubuh kebangkitan dengan bentuk rohani? Tubuh kebangkitan dan bentuk rohani masing-masing memiliki ruang rohani dengan cara yang berbeda. Bentuk rohani saja tak dapat menjadi tubuh yang lengkap dalam ruang rohani. Kita dapat mengatakan bahwa yang satu memiliki bentuk dasar untuk tinggal di ruang rohani ketika ia memiliki tubuh kebangkitan. Bentuk rohani memiliki penampilan seperti orang tersebut pada saat ia meninggal, tetapi tubuh kebangkitan akan seperti orang berusia 33 tahun bagi semua orang.

Yesus menyelesaikan hidup-Nya di bumi pada usia 33. Usia 33 tahun adalah puncak kehidupan seseorang seperti halnya matahari bersinar paling terang di saat tengah hari. Mereka akan menjadi cukup dewasa dan juga tidak terlalu tua untuk memiliki energi dan semangat penuh. Mereka akan memiliki keindahan yang dewasa setelah melewati usia 20-an. Dibandingkan dengan bunga, ini seperti bunga yang mekar penuh.

Karena alasan inilah Allah memberi anak-anak rohani-Nya tubuh yang memiliki penampilan berusia 33. Tinggi laki-laki akan sekitar 190 cm (sekitar 6‘ 3“) dan untuk perempuan adalah 170 cm (5‘ 7“) atau sekitar itu. Tidak akan ada yang terlalu gemuk atau terlalu kurus; semua orang akan memiliki penampilan yang paling cantik.

Tubuh kebangkitan ini dapat dilihat. Ini bisa dirasakan secara fisik dengan tangan karena roh dan jiwa dipadukan dengan tubuh jasmani kebangkitan. Yesus Kristus adalah yang menunjukkan kepada kita tubuh kebangkitan ini. Tuhan yang dibangkitkan muncul di hadapan murid-murid-Nya dan berkata, "Lihatlah tangan-Ku dan kaki-Ku: Aku sendirilah ini; rabalah Aku dan lihatlah, karena hantu tidak ada daging dan tulangnya, seperti yang kamu lihat ada pada-Ku." (Lukas 24:39). Seperti yang Tuhan katakan, tubuh kebangkitan memiliki daging dan tulang.

Tubuh yang dibangkitkan juga memiliki tubuh yang tidak dapat binasa yang tidak terikat dengan batasan fisik dunia ini. Tuhan yang bangkita muncul di hadapan para murid dengan menembus dinding seperti yang tertulis di Yohanes 20:19, 26. Di dalam Yohanes 20:22, dikatakan bahwa Yesus 'mengembusi mereka'. Tubuh kebangkitan dapat bernafas dan juga makan serta minum. Makanan yang dimakan akan dilarutkan dan dihembuskan keluar. Betapa ajaibnya bahwa makanan yang dimakan dihembuskan bersama dengan nafas dengan aroma yang menyenangkan dan kemudian menghilang ke udara!

Dalam Lukas 24:41-43 tertulis, "Dan ketika mereka belum percaya karena girangnya dan masih heran, berkatalah Ia kepada mereka, '„Adakah padamu makanan di sini?" Lalu mereka memberikan kepada-Nya sepotong ikan goreng. Ia mengambilnya dan memakannya di depan mata mereka." Tuhan makan di hadapan murid-murid-Nya untuk membuat mereka memiliki iman akankebangkitan dan untuk memberi tahu mereka tentang tubuh kebangkitan. Itu juga untuk membuat mereka mengetahui fakta bahwa tubuh rohani juga dapat makan. Maria Magdalena dan murid-murid semula tidak mengenali Yesus yang bangkit. Itu karena cahaya yang keluar dari tubuh kebangkitan-Nya. Tubuh kebangkitan tidak memiliki bekas luka, tetapi karena keraguan Tomas, Yesus menunjukkan tangan-Nya kepada Tomas. Yesus membuat Tomas melihat bekas luka itu sehingga ia dapat memperoleh iman.

Tubuh Surgawi yang Disempurnakan

Dijelaskan bahwa orang-orang yang akan memiliki tubuh kebangkitan akan bertemu di udara untuk Perjamuan Kawin Tujuh-tahun. Setelah itu, di dalam tubuh yang sama, mereka akan turun ke bumi ini selama Kerajaan Seribu Tahun. Ketika Kerajaan Seribu Tahun berakhir, mereka akan mewarisi tempat tinggal surgawi mereka melalui Penghakiman Takhta Putih Besar. Ketika ini terjadi, mereka akan diubah ke tubuh surgawi yang disempurnakan, yang dapat dianggap sebagai tubuh rohani pada tingkat yang lebih tinggi dari tubuh kebangkitan. Nah, mengapa Allah membuat kita mengalami tahap sementara? Mengapa kita menerima tubuh kebangkitan dan bukan tubuh surgawi yang sempurna dari semua?

Ini terutama karena kerajaan surga yang ada di surga ketiga dan tempat untuk Perjamuan Kawin Tujuh-tahun di surga kedua akan memiliki banyak perbedaan termasuk kepadatan roh dan aliran waktunya. Karena alasan ini Allah memberi kita tubuh yang paling sesuai untuk masing-masing ruang. Faktor utama untuk bentuk rohani, tubuh kebangkitan, dan tubuh surgawi yang sempurna adalah bahwa mereka semua menunjukkan tingkat kecemerlangan cahaya-seperti-aurora yang berbeda yang keluar menurut tingkat seberapa jauh seseorang mencapai kekudusan. Selain mengeluarkan cahaya berbeda menurut ukuran kekudusan masing-masing orang, tubuh surgawi yang disempurnakan juga menunjukkan upah dan kemuliaan yang diterima seseorang dari Allah. Ini adalah perbedaan terbesar antara tubuh kebangkitan dan tubuh surgawi yang sempurna.

Ketika pegusahaan manusia selesai, tingkat kekudusan masing-masing orang akan dihitung dan jumlah upah akan dibuat menurut itu. Dengan demikian, seseorang dapat membedakan kemuliaan dan upah dengan melihat cahaya rohani masing-masing orang. Tapi tentu saja semua hal akan diungkapkan dengan jelas hanya setelah Penghakiman Takhta Putih Besar. Orang akan memliki tubuh surgawi yang sempurna hanya setelah Allah secara resmi mengakui dan menyatakan kemuliaan serta upah yang diberikan kepada masing-masing.

Cahaya Kemuliaan

Kecemerlangan cahaya seperti-aurora dari bentuk rohani berbeda menurut tingkat kekudusan yang dicapai masing-masing orang di dunia ini. Karena alasan ini maka kecemerlangan ini disebut 'cahaya kemuliaan'. Semakin kudus seseorang dan menyerupai Tuhan, maka cahaya ini akan semakin terang dan jernih. Kita juga akan dapat mengetahui peringkat dalam urutan rohani hanya dengan melihat kcerahan cahaya tersebut. Khususnya, orang yang ada di Kerajaan Surga Kedua dan orang yang ada di Kerajaan Surga Ketiga dari Surga akan memiliki penampilan yang sangat berbeda. Ini karena cahaya kemuliaan, pakaian yang mereka kenakan, dan hiasan di pakaian mereka, gaya rambut mereka, semua akan berbeda.

Wahyu 19:8 berkata, "Dan kepadanya dikaruniakan supaya memakai kain lenan halus yang berkilau-kilauan dan yang putih bersih; lenan halus itu adalah perbuatan-perbuatan yang benar dari orang-orang kudus." Seperti yang dikatakan, baik laki-laki dan perempuan mengenakan kain lenan halus berwarna putih bersih di Surga.

Pakaiannya lembut seperti sutera dan berkibar karena sangat ringan. Tidak ada debu dan orang-orang tidak berkeringat, sehingga pakaiannya tidak pernah menjadi kotor walaupun dipakai untuk waktu lama. Ada banyak hiasan dan pola berbeda, yang membuatnya sangat indah dan menawan tak ada bandingannya dengan pakaian manapun di bumi ini. Terlebih lagi, warna-warna pelangi dan berbagai warna cahaya lainnya memancar dari pakaian itu.

Ada pakaian untuk pemakaian sehari-hari, pakaian pesta, pakaian untuk penyembahan, pakaian olahraga, dan bahkan pakaian untuk bermain berbagai macam permainan. Mereka dapat memiliki pakaian yang sesuai dengan masing-masing acara. Di Surga, orang-orang menerima upah menurut perbuatan mereka di dunia. Jadi, masing-masing orang menerima jenis dan jumlah pakaian yang berbeda. Sebagian dari mereka hanya memiliki beberapa, sementara yang lain mungkin memiliki tak terhitung banyaknya macam pakaian. Tentu saja, mengenali kemuliaan bukan hanya tentang pakaian. Kita juga dapat mengenali kemuliaan dan upah masing-masing orang dari mahkota yang ada di kepala mereka dan hiasan lainnya.

Jumlah, jenis, cahaya, dan kemuliaan mahkota yang diberikan akan berbeda menurut tingkat sejauh apa kita mengusahakan kekudusan dan bekerja dengan setia bagi kerajaan Allah dengan iman. Kepadatan, skema, dan kejernihan dari cemerlangnya warna-warna tersebut berbeda di masing-masing tempat tinggal surgawi. Tapi bahkan pakaian di tempat kediaman Surga yang paling rendah akan lebih gemilang, indah, dan jernih warnanya daripada pakaian apa pun di bumi ini. Tubuh surgawi yang sempurna itu sendiri sangat indah sehingga tidak memerlukan hiasan tambahan atau ornamen apa pun, tetapi Allah memberikan pakaian, mahkota, dan aksesori lainnya menurut perbuatan masing-masing orang.

2. Jiwa dan Tubuh Milik Roh

Anak-anak Allah yang diselamatkan akan tinggal di Surga dalam tubuh surgawi yang sempurna setelah Penghakiman Takhta Putih Besar. Tubuh surgawi yang sempurna memiliki jiwa yang taat pada roh dan tubuh rohani yang tidak menghasilkan segala jenis buangan tubuh.

Mengapa penting untuk memahami tentang roh, jiwa, dan tubuh? Ini karena kita harus memulihkan roh dan jiwa serta tubuh yang telah berubah karena dosa Adam. Ini juga alasan mengapa Allah melakukan pengusahaan manusia di bumi ini. Ketika kita menerima Yesus Kristus dan menerima Roh Kudus, roh kita yang mati akan dibangkitkan, dan kemudian kita harus memulihkan roh kita. Sampai sejauh mana kita memulihkan roh kita, maka kita akan memiliki jiwa dan tubuh milik roh. Kita kemudian dapat menjadi orang milik roh.

Ketika jiwa dan tubuh seseorang menjadi milik roh, dikatakan bahwa ini keadaan di mana 'jiwanya baik-baik saja'. Ini tertulis di 3 Yohanes 1:2 yang berkata, "Saudaraku yang kekasih, aku berdoa, semoga engkau baik-baik dan sehat-sehat saja dalam segala sesuatu, sama seperti jiwamu baik-baik saja."

Begitu jiwa seseorang baik-baik saja, maka ia dapat membuang pemikiran daging. Jika mereka ingin berhenti memikirkan tentang sesuatu, hal itu dapat segera dilakukan. Seseorang dapat berhenti mencium dan mendengar hal-hal tertentu. Sensasi rasa sakit dapat dirasakan atau tidak sesuai keinginan seseorang. Karena pemikiran dan perasaan dapat dikendalikan sesuka hati, akan selalu ada kepenuhan sukacita dan syukur (Roma 8:6). Orang yang demikian adalah sehat dan segala sesuatu baik-baik saja baginya. Penyakit tidak dapat mempengaruhinya karena ia dapat mengendalikan tubuhnya juga. Bahkan jika ia mendapat sakit akibat kesalahannya, ia dapat mengatasinya segera dengan iman.

Jiwa Milik Roh

Adam, manusia pertama yang Allah ciptakan, adalah roh yang hidup, dan ia memiliki roh, jiwa serta tubuh milik roh. Rohnya adalah tuannya. Rohnya mengendalikan jiwa dan tubuhnya dalam kebenaran. Tapi dari waktu ia berdosa dan rohnya mati, maka roh, jiwa, dan tubuhnya jadi milik kedagingan. Saat manusia merupakan roh hidup, ia disuplai dengan hanya kebenaran dari Allah, dan dengan demikian ia memiliki operasi jiwa milik roh saja. Tapi Iblis datang mengendalikan jiwa manusia sejak roh manusia mati. Dengan roh yang mati manusia tak dapat lagi memiliki operasi jiwa milik roh.

Namun, setelah seseorang menerimaYesus Kristus, ia dapat memulihkan operasi jiwa milik roh sampai ia melahirkan dalam roh melalui Roh Kudus dan menaati Firman Allah. Pengetahuan dan teorinya yang salah serta pemikirannya yang tidak menyenangkan dalam pandangan Allah akan diubah jadi kebenaran. It is as written in 2 Corinthians 10:5, "Kami mematahkan setiap siasat orang dan merubuhkan setiap kubu yang dibangun oleh keangkuhan manusia untuk menentang pengenalan akan Allah. Kami menawan segala pikiran dan menaklukkannya kepada Kristus,"

Manusia secara alami menerima pekerjaan Iblis sampai tahap jiwa mereka menjadi milik kedagingan. Bahkan jika mereka mencoba mengalami operasi jiwa milik roh mereka tak dapat melakukannya seperti yang mereka inginkan. Karenanya mereka harus terus mencoba mengubah operasi jiwa mereka menjadi operasi jiwa milik kebenaran dengan memeriksa pikiran, perkataan, dan tindakan mereka setiap saat. Saat mereka terus berdoa sungguh-sungguh, mereka akan dapat memperoleh operasi jiwa milik kebenaran melalui kasih karunia dan kuasa Allah dan pertolongan Roh Kudus.

Jiwa milik roh akan taat kepada roh, karena roh, yang merupakan tuan mula-mula dari manusia, melakukan perannya sebagai tuan. Kemudian, orang ini akan memiliki pemikiran kebaikan, kasih, dan kebenaran karena ia hanya memiliki operasi jiwa milik roh. Misalkan, bahkan jika orang lain bertindak kasar atau melakukan sesuatu yang jahat, orang yang memiliki jiwa dari roh tidak akan merasa sakit hati. Ia merindukan damai sejahtera dan memahami orang lain tanpa ada bentuk konfrontasi apa pun dengan mereka. Alih-alih memiliki perasaan kesal, ia bersimpati kepada orang lain karena memiliki kejahatan.

Tentu saja, bahkan orang-orang ini yang jiwanya baik-baik saja, mereka masih memiliki kefasikan yang dimasukkan ke dalam ingatan mereka. Tapi, walaupun ada ingatan, Iblis tak dapat bekerja atasnya begitu kefasikan dibuang dari dalam hati. Secara alami, mereka hanya memiliki operasi jiwa milik roh. Mereka mengikuti panduan dari Roh Kudus, sehingga mereka tak dapat melihat hal-hal yang tidak seharusnya mereka lihat. Mereka tidak menghakimi atau menghukum, dan mereka hidup menurut kebenaran.

Jika mereka terus memiliki operasi jiwa milik roh, maka operasi jiwa milik daging itu sendiri akan hilang sepenuhnya. Mereka jadi benci melihat, mendengar, atau membicarakan segala hal yang bukan kebenaran. Ini berarti bejana hati mereka diisi penuh dengan kebenaran. Karena kefasikan telah dibuang sepenuhnya dari hati mereka, kefasikan juga akan menghilang dari pikiran mereka. Dengan begini, jika kita mengisi hati kita dengan kebenaran dan mengisinya sepenuhnya, kita hanya akan memiliki jiwa kebenaran.

Jiwa Mengetahui Segalanya Tetapi Hanya Memikirkan Kebenaran

Ketika kita masuk ke Surga, bukan hanya roh kita yang masuk ke Surga. Jiwa kita juga akan ditampung dalam bentuk rohani. Jiwa ini adalah jiwa milik roh, yaitu kebenaran. Hanya bagian dari jiwa kita yang sudah dibersihkan dari kefasikan dan diusahakan sebagai kebenaran yang akan bersatu dengan roh. Apakah ini berarti kita tidak akan mengetahui apa pun tentang kefasikan ketika kita di Surga? Tidak, bukan begitu. Kita akan tahu tentang kefasikan dengan lebih terinci daripada kita sekarang.

1 Korintus 13:12 berkata, "Karena sekarang kita melihat dalam cermin suatu gambaran yang samar-samar, tetapi nanti kita akan melihat muka dengan muka. Sekarang aku hanya mengenal dengan tidak sempurna, tetapi nanti aku akan mengenal dengan sempurna, seperti aku sendiri dikenal." Cermin yang digunakan sekitar 2000 tahun lalu adalah piringan perak, tembaga, atau besi yang dipoles, dan semuanya tidak sejernih cermin di zaman modern. Mereka bisa melihat bentuk umum dari benda-benda, tetapi semua itu tidak jelas di dalam cermin. Tetapi cermin sekarang sangat jernih. Seperti juga halnya di Surga. Kita akan mengetahui segalanya dengan jelas dan tepat, bahkan hal-hal yang tidak kita ketahui di bumi ini.

Selama kita memiliki jiwa roh, maka walaupun kita memikirkan hal-hal yang memalukan atau mempermalukan kita di bumi ini, kita tidak akan memiliki pemikiran kefasikan atau rasa kesal terhadap mereka. Kita hanya akan memiliki pikiran roh dan pikiran kebenaran dalam kelemahlembutan, damai sejahtera, dan belas kasihan.

Memahami Hati Masing-Masing dalam Roh

Hati orang lain dapat dirasakan dan dibedakan dengan tepat di Surga, dan kita akan dapat memahami serta meraba perasaan orang lain. Mereka tidak akan memiliki kejahatan di dalam hati mereka, dan dengan demikian tidak akan ada salah paham serta prasangka atau menghakimi. Terutama di Yerusalem Baru, mereka sepenuhnya memahami orang masing-masing dalam roh. Setiap perkataan yang mereka ucapkan akan mengandung pertimbangan, kasih, dan pelayanan yang menyentuh hati orang lain. Mereka memahami hati Allah Bapa dan Tuhan serta juga hati orang-orang lain, sehingga mereka akan memahami seperti apa pikiran dan perasaan yang Allah miliki ketika mereka melalui pengusahaan manusia di Bumi; mereka juga akan memahami seperti apa perasaan Tuhan ketika Ia sedang memikul salib.

Suatu kali melalui ilham, Allah membuat saya merasakan hati Musa. Saya bertemu Musa sedang berdiri dalam cahaya yang demikian terang, dan ia dipenuhi aroma kebaikan. Ketika ia memegang tangan saya, kasih Allah disampaikan kepada saya. Ketika ia membuka mulutnya untuk berbicara, ia memiliki keberanian dan martabat yang ia miliki saat menyampaikan Firman Allah kepada anak-anak Israel di padang gurun.

Musa memberi tahu saya hal-hal tentang masa kecilnya di istana Mesir. Ia memberi tahu saya bagaimana ia belajar tentang Allah Mahakuasa dan bahwa ia adalah seorang Ibrani melalui pengasuhnya yang sesungguhnya adalah ibunya sendiri. Ia memberi tahu saya tentang peristiwa ketika anak-anak Israel menyembah berhala di padang gurun dan bagaimana perasaan serta emosinya sebagai pemimpin Keluaran. Musa meneteskan airmata yang membanjir ketika mengingat momen-momen itu.

Ketika seseorang meneteskan airmata mengingat hal-hal

yang terjadi di bumi ini, semua airmata itu akan segera berubah menjadi cahaya yang indah. Orang yang mendengarkan apa yang diucapkan juga akan merasakan kebaikan dan kasih terhadap jiwa-jwia yang akan menggerakkan hati.

Sekali lagi mereka akan merasa bersyukur atas kasih Allah yang telah memberikan mereka kebahagiaan di Surga dan memberi kemuliaan kepada-Nya dari dalam hati mereka. Mereka mengasihi Allah dengan segenap hati, pikiran, dan jiwa mereka dan kasih serta syukur mereka tak pernah berubah. Mereka memahami secara mendalam pemeliharaan Allah, yaitu bahwa Ia ingin memperoleh anak-anak sejati untuk berbagi kasih-Nya dengan Dia, walaupun itu berarti Ia harus melalui begitu banyak hal menyakitkan dalam proses pengusahaan manusia. Itulah sebaganya mereka akan bersyukur selamanya dari dalam hati mereka.

Tubuh Milik Roh

Seperti roh yang hidup, Adam tidaklah sempurna, roh yang tidak mengenal kedagingan tidaklah sempurna. Dengan cara yang sama, daging yang tidak mengenal roh tidak ada harganya. Semua orang yang tidak menerima Yesus Kristus sebagai juru selamat pribadi mereka adalah manusia daging. Karenanya mereka tak dapat sungguh-sungguh mengetahui tentang kerajaan Allah dalam alam rohani. Mereka akhirnya akan mengalami penderitaan di api Neraka kekal. Jadi, akan seperti apakah nilai mereka nantinya? Hanya mereka yang mengenal baik alam kedagingan dan alam rohani, dan membuang daging menjadi roh yang memiliki nilai sebagai manusia.

Sampai sejauh mana kita mengusahakan kekudusan dalam hati kita, tubuh kita juga akan berubah menjadi milik roh. Orang yang lemah dan sakit-sakitan akan menjadi sehat sampai sejauh apa mereka diubahkan ke dalam roh walaupun mereka belum dikuduskan sepenuhnya.

Begitu kita masuk ke dalam roh, maka roh kita akan merangkul jiwa dan tubuh sehingga semuanya akan bergerak bersama sebagai suatu entitas. Walaupun kita tinggal di ruang jasmani ini, kita mengendalikan tubuh dan jiwa kita melalui roh, sehingga ini sama seperti kita hidup dalam ruang rohani. Sampai mana kita memulihkan citra Allah yang hilang akibat dosa Adam, kita dapat berkomunikasi dengan jelas dengan Allah serta menerima berkat dan semua hal akan baik-baik saja dengan kita.

Juga, begitu kita menjadi manusia roh, penuaan kita akan melambat, dan terlebih lagi jika kita masuk ke dalam roh sepenuhnya, kita dapat diremajakan. Dalam kasus Musa, matanya tidak lamur dan kekuatannya tidak melemah sampai saat ia meninggal pada usia 120 tahun. Abraham memperanakan Ishak ketika ia sudah terlalu tua untuk memiliki anak. Terlebih lagi, empat puluh tahun setelah Ishak dilahirkan, ia memperanakkan enam orang anak lagi (Kejadian 25). Dalam hal Elia dan Henokh, mereka membuang segala jenis kedagingan dan masuk ke dalam tingkatan roh yang sedemikian dalam sehingga mereka menunjukkan karakter Allah. Karena alasan-alasan inilah mereka tak lagi berada dalam hukum alam rohani yang mengatakan bahwa upah dosa ialaha maut, dan dengan demikian mereka dapat menghindari kematian.

Tubuh Yang Tidak Perlu Makanan

Ketika anak-anak Allah masuk ke dalam kerajaan surga, mereka akhirnya akan memiliki tubuh surgawi yang sempurna. Tubuh mereka tidak binasa atau rusak dan mereka akan menikmati hidup kekal. Matius 26:29 berkata, "Akan tetapi Aku berkata kepadamu: mulai dari sekarang Aku tidak akan minum lagi hasil pokok anggur ini sampai pada hari Aku meminumnya, yaitu yang baru, bersama-sama dengan kamu dalam Kerajaan Bapa-Ku."

Tuhan yang dibangkitkan tidak akan makan apa pun sampai ia nanti makan dengan orang-orang percaya yang diselamatkan dan pengusahaan manusia berakhir. Sama seperti Tuhan yang dibangkitkan, kita tidak perlu makan untuk melanjutkan hidup kita begitu kita memilik tubuh rohani.

Tetapi aroma dan unsur yang terkandung dalam makanan di Surga memiliki efek yang baik pada bentuk rohani, sehingga mereka dapat makan atau bernafas dalam aroma tersebut... Mereka dapat bernafas dalam arona bunga-bungaan atau buah-buahan, dan mereka dapat melakukan itu hanya dengan hidung mereka, tetapi juga melalui seluruh tubuh dan melalui hati. Ketika orang-orang mempersembahkan binatang di zaman Perjanjian Lama, Allah mencium aroma hati yang keluar dari orang-orang yang memberikan persembahan itu. Bahkan sekarang, ketika kita mempersembahkan kebaktian penyembahan, pujian dan persembahan, Allah menerima aroma hati kita.

Dengan menghirup aromanya akam semakin besar terasa sukacita dan kebahagiaan Surga. Bahkan di dunia ini, kita merasa lebih bahagia ketika kita makan berbagai macam makanan. Serupa halnya, tubuh rohani senang menghirup aroma itu. Di Surga, tak seorang pun merasa lelah, dan mereka dapat merasakan kebahagiaan dan kepuasan walaupun mereka menghirup aroma yang sama setiap saat. Ketika mereka menghirup aroma buah dan bunga, maka aroma itu akan terserap ke dalam tubuh untuk sementara waktu dan kemudian dilepaskan ke udara. Hati orang-orang akan dipenuhi dengan lebih banyak kebahagiaan dalam proses ini.

Tidak Ada Kotoran Tubuh

Tubuh surgawi yang sempurna adalah sebuah tubuh. Tubuh ini bisa mencium dan memakan makanan> Ia dapat memakan berbagai macam buah-buahan dan meminum berbagai minuman yang dibuat dengan air kehidupan. Selain kedua belas buah dari pohon kehidupan, ada begitu banyak buah lainnya di Surga, dan kita bisa memakan sebanyak mungkin yang kita inginkan. Ada juga berbagai jenis minuman.

Di Surga, apakah kita juga akan memakan makanan yang kita sukai di bumi ini? Apakah akan ada daging, roti, dan kue-kue di Surga? Apakah kita akan merindukan makanan dari dunia ini? Begitu kita masuk ke Surga, kita tidak akan menginginkan segala makanan yang biasa kita makan di bumi ini; Begitu kita memiliki tubuh yang paling sesuai untuk ruang surga ketiga, kita dapat hidup selamanya bahkan tanpa makan.

Tentu saja, Anda mungkin mengingat jenis makanan tertentu yang Anda sukai di bumi ini dan ingin memakan sesuatu yang mirip di Surga. Nanti Anda mungkin akan membuat makanan yang mirip dengan itu. Tapi karena buah-buahan dan minuman di Surga rasanya jauh lebih enak, Anda tak akan menginginkan untuk menikmati makanan jasmani dari masa lalu.

Ketika kita memakan sesuatu di Surga, makanan itu akan diserap dan diisi selama bernafas, sehingga tidak akan ada kotoran yang dikeluarkan seperti di bumi. Makanan yang dikonsumsi akan dikeluarkan secara alami dengan nafas, tinggal sebagai wewangian untuk beberapa saat, dan kemudian menghilang ke udara. Betapa nyaman dan luar biasanya kita tidak perlu mencerna atau mengeluarkan kotoran seperti di bumi ini! Tentu saja tidak akan ada kamar mandi yang mungkin memiliki bau tidak enak. Di Surga, kita akan memiliki tubuh surgawi yang sempurna.

Ini sama dengan tempat kediaman mana saja di kerajaan surga. Tetapi jika kita memiliki lebih banyak jiwa kedagingan dan lebih sedikit jiwa milik roh, maka kecemerlangan bentuk rohani kita akan pecah. Sesuai dengan sebanyak apa kita mengusahaan jiwa kita menjadi milik roh, kita akan diberikan tempat tinggal di Firdaus, Kerajaan SurgaPertama, atau Kerajaan Surga Kedua. Kita bisa masuk ke dalam Kerajaan Surga Ketiga atau Yerusalem Baru hanya ketika kita membuat jiwa kita jadi milik roh sepenuhnya tanpa ada bagian dari jiwa kita yang milik kdagingan.

Allah membuat kita menuai apa yang kita tabur dan memberikan kepada kita sebagaimana kita berlaku dalam kasih dan keadilan-Nya. Tempat tinggal surgawi dan peringkat surgawi akan ditentukan menurut kecerahan cahaya rohani kita, dan karenanya, kita harus bergumul dengan doa sungguh-sungguh untuk menjadi manusia yang memiliki roh, jiwa, dan tubuh yang menjadi milik roh.

3. Karunia Allah

Allah telah menyiapkan karunia bagi anak-anak yang diselamatkan, dan itu adalah hidup kekal dan kerajaan surga. Kita akan menerima tempat tinggal surgawi yang berbeda menurut bagaimana kita menjalani pengusahaan manusia di bumi ini untuk menjadi orang yang mencari hati Allah.

Proyek besar Allah adalah untuk memanen orang-orang percaya yang merupakan 'gandum' dari penuaian yang masih berlangsung sampai hari ini. Ia mencari orang-orang percaya yang percaya akan kuasa dan sifat ilahi Allah yang terlihat dalam segala hal di alam ini dan yang hidup menurut Firman Allah. Mereka adalah jiwa-jiwa yang jernih dan indah seperti kristal. Alkitab memberi tahu kita tentang akhir zaman. Mereka yang terjaga secara rohani akan merasakan bahwa akhir pengusahaan manusia sudah sangat dekat.

Sejak kejatuhan Adam, umat manusia telah menghasilkan keturunand an membangun peradaban. Mereka juga mengalami kehidupan, penuaan, penyakit, dan kematian. Setelah pengusahaan manusia selesai, Allah akan mengundang semua orang percaya untuk masuk ke 'udara' yang terletak di surga kedua. Ia akan mengadakan jamuan kawin yang 'menawan, dan membuat kita dapat berbagi kasih kita dengan Tuhanselama tujuh tahun.

Wahyu 19:7-9 menggambarkannya:

Marilah kita bersukacita dan bersorak-sorai, dan memuliakan Dia! Karena hari perkawinan Anak Domba telah tiba, dan pengantin-Nya telah siap sedia. Dan kepadanya dikaruniakan supaya memakai kain lenan halus yang berkilau-kilauan dan yang putih bersih; Lenan halus itu adalah perbuatan-perbuatan yang benar dari orang-orang kudus. Lalu ia berkata kepadaku: „Tuliskanlah, 'Berbahagialah mereka yang diundang ke perjamuan kawin Anak Domba." Katanya lagi kepadaku: „Perkataan ini adalah benar, perkataan-perkataan dari Allah."

Kasih Allah tidak berakhir di sini. Setelah perjamuan kawin selesai, sama seperti pasangan pengantin baru pergi berbulan madu setelah perjamuan kawin, Allah akan membiarkan kita turun ke bumi dengan Tuhan dan memerintah bersama Dia selama seribu tahun. Ia akan memperbarui Surga Tingkat Pertama, yang merupakan pengusahaan manusia, dan membuat orang-orang percaya berbagi kasih mereka dengan Tuhan sampai tahap paling penuh.

Wahyu 20:6 berkata, "Berbahagia dan kuduslah ia, yang mendapat bagian dalam kebangkitan pertama itu. Kematian yang kedua tidak berkuasa lagi atas mereka, tetapi mereka akan menjadi imam-imam Allah dan Kristus, dan mereka akan memerintah sebagai raja bersama-sama dengan Dia, seribu tahun lamanya."

Allah akan mengungkapkan hadiah dan karunia yang Ia telah persiapkan bagi anak-anak terkasih-Nya setelah Kerajaan Seribu Tahun berakhir. Di Pengadilan Tahta Putih Besar, Ia akan memberikan upah untuk apa yang merka perbuat selama di bumi ini dan Ia akan memberikan tempat tinggal di Surga menurut ukuran iman masing-masing orang. Mereka diberikan tempat tinggal permanen di surga ketiga, yang merupakan tempat yang bebas dari airmata, kesedihan, penyakit, dan kematian, sehingga mereka dapat menjalani hidup yang dipenuhi dengan kebaikan, kasih, sukacita, dan kebagiaan dalam tubuh surgawi yang sempurna.

Yesus berjanji dalam Yohanes 14:2-3, „Di rumah Bapa-Ku banyak tempat tinggal; jika tidak demikian, tentu Aku mengatakannya kepadamu, sebab Aku pergi ke situ untuk menyediakan tempat bagimu." Dan jika Aku pergi dan menyiapkan tempat bagimu, Aku akan datang kembali, dan menerima engkau kepada Diri-Ku, supaya di mana aku berada, kau juga ada di sana"

Seperti apakah kelihatannya kerajaan surga kekal itu, dan bagaimana kehidupan yang akan kita jalani di sana?

Langit yang Baru dan Bumi yang Baru

Langit di Surga sangat bersih dan biru jernih. Alasan kenapa Allah membuat warna langit biru adalah karena itu membuat kita merasakan kedalaman, ketinggian dan kejernihannya. Ia ingin agar anak-anak terkasih-Nya hidup bahagia selamanya dengan memiliki hati yang jernih dan indah seperti kristal.

Ada juga awan di langit kerajaan surga. Awan adalah bentuk hiasan untuk meningkatkan keindahan. Awan menambah kebahagiaan di hati para warga surgawi. Ketika mereka yang berada di Yerusalem Baru memikirkan dan memuji kasih Allah dengan melihat ke langit, para malaikat membaca pikiran tuan mereka dan terkadang membuat awan berbentuk hati atau menulis kata-kata menggunakan awan tersebut.

Di Surga, ada cahaya kemuliaan Allah, yang bahkan tak bisa dibandingkan dengan sinar matahari. Cahaya ini bersinar terang mulai dari Yerusalem Baru ke Firdaus (Wahyu 22:5).

Cahaya kemuliaan Allah sangat jernih dan terang sehingga kita cahaya itu menyinari orang-orang yang tinggal di Firdaus, mereka bahkan tak akan dapat mengangkat kepada mereka karena kecemerlangannya. Karena alasan ini, Allah terus meningkatkan kecerahan cahaya ini di tempat kediaman lain dari Yerusalem Baru Saat Anda bergerak lebih jauh dari Yerusalem

Baru dan Kerajaan Surga Tingkat Kedua menuju ke Kerajaan SurgaTingkat Kedua Kerajaan Surga tingkat Pertama, dan Firdaus, kecemerlangan cahanyanya menghilang..

Oleh kuasa Allah, ada empat musim-musim semi, musim panas, musim gugur, dan musim dingin-di Surga. Mereka sebenarnya tidak memerlukan empat musim, tetapi semua itu disiapkan bagi anak-anak Allah supaya mereka dapat menikmati penampilan alam yang berbeda untuk masing-masing musim. Mereka dapat melihat dauh-daun di musim gugur dan salju di musim dingin.

Allah telah membuat semua hal dalam cara yang paling sempurna dan paling indah sehingga kita dapat merasakan keindahan yang kita miliki di musim-musim berbeda di bumi ini. Tapi ini bukan berarti bahwa di Surga akan ada 'dingin' atau 'panas' yang terkait dengan cuaca dan musim. Ada perbedaan dari musim yang berbeda tetapi tidak akan ditandai oleh panas atau dinginnya musim tersebut. Suhunya akan menjadi paling sesuai untuk ditinggali sepanjang waktu.

Tanah di Surga tidak terbuat dari debu melainkan dari emas, perak, dan bermacam-macam batu mulia. Baja memiliki kepadatan yang bertingkat sedang di bumi namun ketika dihancurkan menjadi debu, baja dapat diterbangkan angin. Tapi jika dalam bentuk sebuah bola, baja tidak akan diterbangkan oleh angin. Emas, perak, dan batu-batu mulia lainnya ada dalam bentu bulat, jadi pasti tidak ada debu di Surga.

Jalan Emas dan Jalan Permata

Di setiap tempat tinggal di Surga, ada suatu jalan emas. Tentu saja, serbuk berkilau yang datang dari jalan emas memang berbedad ari tempat demi tempat di Surgawi. Semakin dekat Anda dengan Yerusalem Baru, Semakin terang kecemerlangan gliternya. Tidak seperti emas murni di bumi ini, emas di Surga keras, tapi terasa sangat lembut ketika Anda berjalan di atasnya. Di bumi ini sepotong emas sebesar tangan manusia sangat jarang ditemukan. Tetapi, ketika Anda melihat jalan emas tanpa ujung yang bersinar seperti kaca, bisakah Anda bayangkan betapa mengagumkannya itu? Emas murni melambangkan iman rohani yang kualitasnya tak berubah. Kecemerlangan kilauan dari jalan emas di masing-masing tempat tinggal berbeda karena tempat tinggal surgawi akan ditentukan oleh ukuran iman masing-masing orang.

Allah tidak memberikan banyak makna dalam emas Firdaus. Namun, saat Anda bergerak dari Kerajaan Surga Pertama ke Kerajaan Surga Kedua dan Ketiga, maka penduduknya akan semakin dekat dengan kesempurnaan ukuran iman, sehingga emas murni di masing-masing tempat tinggalnya akan memiliki makna yang lebih mendalam yang akan diungkapkan oleh kecemerlangan kilaunya.

Selain jalan emas, ada berbagai jenis jalan lainnya seperti jalan bunga dan jalan permata. Ada juga beberapa jalan di mana Anda akan dikirimkan oleh kuasa Allah hanya dengan berdiri di atasnya. Bentuk rohani sangat ringan, karena bahkan tidak memiliki berat. Jadi jika Anda berjalan di atas bunga-bungaan, semua bunga itu tidak akan rusak. Bunga-bunga bersukacita dan mengeluarkan lebih banyak wewangian ketika anak-anak Allah mendekati mereka.

Jalan permata memiliki banyak jenis batu mulia yang mengeluarkan cahaya indah. Jika Anda melangkah di atasnya, jalan permata akan mengeluarkan lebih banyak cahaya indah. Tetapi jalan-jalan permata tak dapat dilihata di seluruh tempat di kerajaan surga. Jalan permata dibangun hanya di dan di sekitar rumah-rumah orang yang menyerupai Tuhan sepenuhnya dan telah memberikan kontribusi besar dalam memenuhi pemeliharaan Allah dalam pengusahaan manusia.

Sungai Air Kehidupan

Sungai Air Kehidupan berasal dari tahta Allah. Air sungai ini mengalir ke seluruh kerajaan surga dan kembali ke asalnya. Sungai ini jernih dan murni seperti kristal, dan mengalir dengan sangat pelan seperti tidak mengalir sama sekali. Sungai ini tidak pernah menguap atau menjadi kotor. Ini seperti ombak lautan yang bersinar seperti permata yang memantulkan cahaya matahari di hari yang cerah. Sungai ini melambangkan hati Allah yang merupakan sumber air kehidupan yang membangkitkan semua hal di alam. Hati Allah adalah hati indah yang sangat cemerlang dan bebas dari noda dan cela. Sempurna dalam segala hal.

Kenyataan bahwa sungai kehidupan mengalir ke sepanjang kerajaan surga, memiliki makna bahwa Allah memerintah atas semua jiwa di Surga, membuat mereka menikmati hidup penuh sukacita setiap hari oleh kasih karunia-Nya. Rasa air kehidupan ini agak manis dan belum pernah kita rasakan sebelumnya di bumi ini. Air sungai ini memberi kita kehidupan, kekuatan, dan kebahagiaan saat kita meminumnya.

Wahyu 22:2 berkata bahwa air sungai ini mengalir di tengah jalan. Jadi, di kedua sisi sungai itu adalah jalan. Air ini berasa dari tahta Allah dan mengalir melalui semua sudut kerajaan Surga, sehingga jika Anda berjalan di setiap sisi sungai, pada akhirnya Anda akan mencapai tahta Allah. Fakta ini secara rohani menandakan bahwa jika kita hidup oleh Firma Allah, yang dilambagkan oleh air kehidupan, kita tidak hanya akan mencapai kerajaan surga tapi kita juga akan membicarakan tempat tinggal paling indah di, Yerusalem Baru.

Di antara sungai dan air kehidupan, dan jalan di setiap sisi adalah muara sungai yang memiliki pasir emas dan perak. Walaupun keras, pasir berbentuk bulat di Surga terasa lembut. Orang tak bisa terluka jika mereka bergulir atau berlari di atasnya dan mereka tak akan tergores. Pasir itu tidak tertiup angin dan tidak lengkek seperti debu pada benda-benda surga.

Anda juga bisa berenang di sungainya. Walaupun Anda tidak bisa berenang di dunia ini, Anda bisa berenang dengan bebas di Surga. Untuk berenang di bumi ini, biasanya kita harus mengganti ke pakaian renang. Tapi bahkan air di Surga tidak merembes ke pakaian Surga. Airnya hanya bergulir di permukaan bahan pakaian. Sehingga Anda dapat berenang bebas dengan mengenakan pakaian Anda yang biasa.

Ada bangku-bangku indah yang dibangun di jalan emas yang membentang di kedua sisi sungai. Di sekitarnya ada dua belas jenis buah dari pohon kehidupan. Wahyu 22:2 berkata, "ODi tengah-tengah jalan kota itu, yaitu di seberang-menyeberang sungai itu, ada pohon-pohon kehidupan yang berbuah dua belas kali, tiap-tiap bulan sekali..." Ini tidak berarti bahwa buah akan jatuh dan kemudian buah lain akan menggantikannya setiap bulan. Itu berarti bahwa dua belas jenis buah itu akan selalu ada di sana.

Buah kehidupan besarnya seperti melon, tetapi memiliki bentuk yang mirip dengan apel. Warnanya kemerahan dan indah. Kedua belas buah sedikit berbeda dalam kilau, ukuran, bentuk, dan rasanya. Jika ada orang yang memetik salah satu buah itu, maka buah yang baru akan segera tumbuh untuk menggantikannya. Buahnya lebih wangi daripada buah apa pun di dunia ini dan rasanya tak terungkapkan dengan kata-kata manusia. Buah ini leleh di mulut Anda seperti kembang gula.

Dalam suatu penglihatan Allah suatu kali menunjukkan

kepada saya adegan air sungai kehidupan. Anak-anak Allah sedang duduk di bangku yang dihiasi dengan emas dan batu-batu mulia berharga. Mereka sedang berbincang-bincang hangat dengan satu sama lain. Jika mereka memiliki pikiran bahwa mereka ingin memakan buah kehidupan selama mereka bercakap-cakap, maka malaikat yang melayani akan membaca pikiran mereka dan membawakan buah dalam keranjang emas. Anda bisa memandang ke arah sungai sambil duduk di bangku dengan orang-orang terkasih di sekitar Anda atau Anda bisa berdialog dengan mereka sambil berjalan. Betapa menyenangkannya kehidupan di sana!

Binatang dan Tanaman di Surga

Di Surga, jumlah hewan, burung, dan ikan sungguh tak terhitung. Ada beberapa jenis yang tidak ada di dunia ini dan sebagian ada di bumi ini tetapi tidak ditemukan di Surga. Binatang-binatang yang dianggap najis dalam Imamat 11 tidak ditemukan di Surga.

Binatang-binatang di Surga sedikit lebih besar dari yang ada di bumi ini. Mereka terlihat lebih agung dan walaupun demikian temperamen mereka lebih lembut dan semuanya sangat patuh. Bulu hewan mamalia dan bulu burung memancarkan cahaya terang dan wangi yang lembut. Bahkan singa tidak ganas melainkan lembut. Bulu yang bersih dan surai emasnya sangat luar biasanya untuk dirangkul.

Binatang-binatang di Surga menyambut anak-anak Allah dan bersukacita ketika melihat mereka. Khususnya di Yerusalem Baruakan ada orang-orang yang akan menerima binatang sebagai hewan peliharan pribadi atau bahkan kebun binatang sebagai upah mereka. Hewan-hewan ini juga melakukan trik lucu untuk menyenangkan tuan mereka. Ini bukan karena mereka mengerrti pikiran tuan mereka sebab mereka memiliki jiwa. Hanya saja para malaikat menaati perintah Allah, hewan-hewan di Surga, sebagai mahkluk rohani, hampir secara otomatis bertindak dalam cara untuk dikasih tuan mereka.

Di Surga, ada banyak jenis tanaman termasuk pohon kehidupan, pohon buah lainnya, dan bunga. Tanaman di bumi ini memperoleh nutrisi dari akar dan melalui proses fotosintesis menghasilkan sumber energi. Tetapi tanaman di Surga hidup selamanya tanpa proses ini, melainkan dengan kuasa kehidupan yang diberikan Allah. Akar tanaman-tanaman ini tidak menyerap nutrisi. Mereka hanya menyingkapkan karakteristik masing-masing tanaman. Tentu saja, bentuk buah, aromanya, dan buah dapat menunjukkan perbedaannya, tetapi akarnya juga adalah alat untuk menunjukkan perbedaan sedemikian.

Tanaman di Surga memberikan aroma mereka yang unit dengan kuat namun lembut. Tanaman ini dapat menggoyangkan atau membengkokkan dahannya untuk mengungkapkan makna tertentu. Mereka dapat bergerak seolah mereka adalah malaikat dan menari pada lagu-lagu pujian. Mereka juga dapat memuji Allah dengan mengeluarkan wewangian sebanyak yang mereka bisa.

Daun, bunga, atau buah tidak pernah jatuh bahkan dengan berlalunya waktu. Aroma dan warnanya tidak pernah berubah. Jika Anda memetik bunga, maka bunga yang baru akan menggantikannya segera. Demikian juga dengan buah. Bunga-bunga yang dipetik juga tidak akan layu dan kesegarannya akan terus ada. Jika Anda mau menyimpan bunga, maka bunga itu akan bertahan selama yang Anda inginkan. Jika Anda ingin membuanya, maka bunga itu akan melesap dan kemudian menghilang ke udara. Ada bunga yang mengeluarkan wangi lebih kuat ketika dihaluskan. Jika mau, Anda dapat menyimpannya di dalam botol selama yang Anda inginkan.

Masing-masing tanaman memiliki baunya sendiri yang unik. Mereka memiliki aroma yang segar, manis, lembut atau agung. Wangi di masing-masing tempat tinggal surga memiliki makna yang berbeda. Misalnya, mawar di Firdaus hanyalahs atu dari banyak bunga-bungaan di sana. Tapi di rumah perorangan diYerusalem Baru, hati pemiliknya akan memiliki aroma mawar di dalam rumah. Bila ada tamu yang berkunjung, mawar itu akan mengeluarkan aroma tertentuk bagi sang tamu untuk mengungkapkan hati sang pemilik. Mawar di berbagai rumah berbeda di Yerusalem Baru akan mengeluarkan berbagai jenis wangi yang berbeda.

Juga, beberapa tanaman yang ada di Yerusalem Baru tidak ada di tempat tinggal lainnya. Jumlah jenis bunga akan berkurang saat Anda turun dari Yerusalem Baru ke Firdaus. Juga, kebebasan untuk menggunakan bunga-bunga secara pribadi semakin berkurang. Kenyamanan duduk di padang rumput dan warna rumput juga berbeda di masing-masing tempat tinggal.

Semua yang ada di Surga, termasuk binatang dan tanaman, disipakan oleh Allah untuk anak-anak-Nya yang diselamatkan. Bagi anak-anak sejati Allah yang hidup hanya oleh kehendak Allah di dunia ini akan diberikan segalanya yang mereka inginkan di Surga.

Kehidupan Budaya di Surga

Allah telah membuat berbagai fasilitas rekreasi di masing-masing tempat tinggal surgawi untuk memberikan kepada anak-anaknya sukacita dan kebahagiaan lebih besar. Tempat hiburan ini lebih luas dan lebih besar daripada taman-taman hiburan yang ada di dunia. Mereka juga memiliki banyak hal menarik.

Karena kita memiliki tubuh surgawi yang sempurna di Surga, maka tidak perlu merasa takut. Anda tidak akan merasa takut di wahananya seperti roller coaster. Anda hanya akan merasa bersemangat. Selain taman-taman hiburan, ada banyak sekali bentuk hiburan lainnya, rekreasi dan kesenangan. Kita juga dapat memiliki hobi untuk meningkatkan bakat kita dalam keahlian tertentu di Surga sama seperti yang kita lakukan di bumi.

Kita bisa menikmati hal-hal yang biasa kita nikmati di bumi ini. Terlebih, jika ada hal-hal yang kita tidak lakukan di dunia ini karena kita melakukan pekerjaan Allah, maka kita akan dapat menikmatinya di Surga sebanyak yang kita inginkan. Kita juga akan belajar hal-hal baru. Misalnya, kita bisa belajar memainkan alat musik seperti biola, seruling, atau harpa. Di surga, setiap orang adalah bijak dan mengagumkan, sehingga kita dapat belajar memainkannya dengan cepat.

Olahraga di Surga tidak termasuk segala permainan yang dapat menyebabkan luka atau menyakiti orang lain. Akan ada peraturan khusus untuk masing-masing permainan juga. Kita dapat memiliki tim olahraga seperti voli, basker, sepak bola atau baseball. Akan ada juga permainan individual seperti tenis, ski, golf, bowling, dan berenang. Kita juga dapat menikmati olahraga seperti hang gliding, selancar angin, atau perahu layar. Fasilitas olahraga dan peralatan di Surga semuanya bebas-kecelakaan dan dihias dengan emas dan permata untuk menambah kesenangan kita.

Surga bukanlah tempat di mana Anda mendapatkan kesenangan dengan memenangkan kompetisi. Anda dapat memperoleh cukup kesenangan hanya dengan memainkan olahraga tersebut. Apa artinya permainan yang tidak memiliki pemenang, mungkin Anda bertanya demikian? Tapi karena tidak ada kejahatan di Surga, untuk memberikan lebih banyak kesenangan dan manfaat kepada orang lain untuk memenangkan permainan.

Tentu saja, ada juga permainan-permainan yang darinya Anda bisa mendapatkan kesenangan dengan kompetisi dalam niat yang baik. Misalnya, orang menghirup aroma bunga sebanyak yang mereka bisa dan mengeluarkannya di depan orang lain. Skor akan diberikan menurut tingkat seberapa Anda menyukakan Allah dengan mengeluarkan aroma tersebut, atau menurut seberapa baik Anda menggabungkan banyak jenis aroma. Ini adalah kompetisi tentang seberapa banyak kesenangan yang dapat Anda berikan kepada orang lain, dan ini juga menyenangkan dalam pandangan Allah. Ada juga berbagai hiburan lain di Surga yang lebih menyenangkan daripada apa pun di bumi ini. Mereka tidak menyebabkan rasa lelah seperti permainan arena atau permainan video, dan Anda tak kan pernah bosan akan apa pun.

Anda juga dapat menonton film di Surga. Di bioskop, Anda dapat melihat beberapa peristiwa monumental yang terjadi selama masa pengusahaan manusia. Penciptaan, Air bah Nuh, Keluaran, pelayanan Yesus, peristiwa salib, pekerjaan berapi-api dari Roh Kudus di akhis zaman, dan kisah masing-masing bapa iman akan dibuat menjadi film.

Misalkan, Anda menonton sebuah film tentang seluruh kehidupanrasul Paulus. Anda sekarang bisa menonton bagaimana ia bertemu dengan Tuhan dan bagaimana ia mendedikasikan seluruh hidupnya untuk Tuhan. Anda bisa mempelajari hal terinci yang tidak dituliskan di Alkitab. Anda akan melihat kehidupan Paulus seolah Anda sendiri bersama dia dalam peristiwa-peristiwa seperti ketika ia dianiaya berat-melampaui ketahanan manusia. Anda dapat mengalami bagaimana ia dipenjarakan di Filipi, dan mengucap syukur kepada Allah dan memuji Dia bahkan walaupun ada di laut setelah kapalnya karam. Sungguh betapa akan terasa sangat emosional!

Transportasi di Surga

Kita bisa mengunjungi tempat-tempat misterius dan indah di kerajaan surga. Akan ada pemandangan unik dan menawan kemana pun kita pergi. Karena kita memiliki tubuh surgawi yang sempurna, tidak akan terasa lelah bahkan setelah berjalan-jalan untuk waktu lama. Hati roh tidak pernah berubah, sehingga kita tak akan pernah bosan bahkan walaupun kita mengunjungi tempat yang sama.

Akan ada bermacam-macam jenis alat transportasi untuk melakukan perjalan. Ada bentuk transportasi umum seperti kereta api surgawi. Ada juga alat transportasi yang dimiliki pribadi seperti mobil awan atau kereta emas. Kereta surga dihiasi dengan permata-permata indah dengan berbagai warna berbeda, dan memberikan kenyamanan luar biasa bagi penumpangnya. Akan sangat menyenangkan untuk melihat pemandangan di luar jendela. Ketika orang percaya di Firdaus diundang untuk mengunjungiYerusalem Baru, mereka akan nai kereta surga. Keretanya sebenarnya dapat terbang di angkasa dengan sangat cepat.

Walaupun disebut mobil awan, mobilnya tidak terbuat dari uap, melainkan dari awan kemuliaan. Ini menambah keindahan kehidupan surga. Ketika Anda menaiki mobil awan, ini akan membuat orang lain merasakan kehormatan dan otoritas. Ketika Tuhan datang kembali, Ia akan datang dalam awan (1 Tesalonika 4:16-17; Wahyu 1:7). Karena akan terlihat lebih agung, terhormat, dan indah untuk datang dalam awan kemuliaan.

Allah memberikan mobil awan kepada orang-oran yang masuk ke Kerajaan Surga Ketiga atau lebih tinggi. Di Kerajaan Surga Ketiga, mobil akan digunakan untuk umum, tetapi di Yerusalem Baru, mobil akan diberikan untuk penggunaan pribadi. Dalam hal ini, memiliki mobil awan itu sendiri akan menunjukkan kemuliaan pemiliknya.

Orang-orang yang tinggal di Yerusalem Baru juga dapat melakukan perjalan dengan Tuhan dalam mobil awan. Mobil awan biasanya dikemudikan oleh malaikat. Ada yang berupa mobil penumpang kecil sementara yang lainnya berukuran lebih besar dan memiliki banyak kursi untuk lebih banyak penumpang. Rancangan, warna, dan hiasannya juga berbeda-beda. Ada juga mobil yang terbuat dari sepotong kecil awan. Ini digunakan untuk jarak dekat. Mobil ini mengangkut satu orang dan menurunkannya dengan lembut di tempat tujuan, misalnya seperti mobil golf ketika ia pergi main golf!

Kebaktian Penyembahan dan Pendidikan di Surga

Kita juga akan menghadiri kebaktian penyembahan di Surga. Allah Sendiri yang akan menyampaikan khotbah. Kita akan belajar tentang alam rohani secara terinci termasuk asal mula Allah, Permulaan Waktu, dan kekekalan. Kita juga akan memiliki waktu untuk mendengarkan Tuhan. Kita juga akan berbicara dengan Allah, Tuhan, dan Roh Kudus, dan ini adalah doa di surga. Kita juga memuji Allah dengan lagu-lagu baru.

Di Surga, jika Anda harus mengunjungi suatu tempat yang lebih tinggi tingkatannya dari tempat tinggal Anda, maka Anda harus mengganti pakaian Anda dengan pakaian yang sesuai dengan tempat dan waktunya. Kebaktian penyembahan yang diadakan di Yerusalem Baru akan disiarkan kemana-mana, sehingga setiap orang dapat menghadirinya di mana pun mereka berada di Surga. Tetapi tidak diperlukan peralatan yang rumit untuk ini. Para malaikat akan membuka sesuatu yang bentunya mirip sepotong kain yang sangat besar yang akan menjadi layar video. Cahaya dan warnanya akan secara otomatis disesuaikan untuk masing-masing tempat tinggal, sehingga mereka dapat menyaksikan video yang jelas dan membuat mereka merasa berada di tempat yang sebenarnya.

Alasannya kenapa cahaya harus disesuaikan di masing-masing tempat tinggal adalah, jika cahaya Allah disambungkan sebagaimana adanya, maka orang-orang di Kerajaan Surga Ketiga atau di bawahnya tidak akan dapat melihat Allah secara langsung karena cahaya terlalu cemerlang. Orang-orang yang ada di Kerajaan kedua dan di bawahnya tidak akan dapat untuk bahkan mengangkat kepala mereka untuk memandang Allah Bapa di layar, karena hati nurani mereka tidak akan membiarkan mereka melakukannya.

Khususnya bagi mereka yang ada diFirdaus yang menerima 'keselamatan yang memalukan'. Mereka bahkan tak akan dapat melihat ke layar video karena malu dan adanya perasaan malu. Selain kebaktian penyembahan di mana Allah adalah pembicaranya, Anda juga dapat mengundang Tuhan, Roh Kudus, atau para bapa iman seperti Musa dan Paulus untuk berbicara di kebaktian-kebaktian penyembahan.

Kita akan terus mempelajari hal baru bahkan setelah kita masuk ke dalam Surga. Kerajaan surga itu tanpa batas, dan karenanya seberapa banyak pun kita belajar kita tak akan pernah mempelajari semua tentang Allah Pencipta yang ada dari sebelum kekekalan dan sepanjang seluruh kekekalan. Sulit untuk memahami sepenuhnya kedalaman Allah yang tanpa akhir yang memerintah atas segalanya di alam semesta ini. Kita akan merasa bahwa Surga dipenuhi dengan hal-hal yang sungguh harus kita pelajari. Tetapi pembelajaran di Surga, tidak seperti di bumi, akan selalu menyenangkan. Kita akan memahami segala sesuatu saat kita mempelajarinya. Kita tak akan pernah melupakan sesuatu begitu kita mengerti bahwa tidak ada yang sulit dari belajar. Terlebih lagi, kita tidak hanya mendengarkan para dosen.

Akan ada program-program tiga-dimensi yang akan membantu pemahaman Anda.

Bayangkan suara mula-mula Allah yang berkata, „Jadilah terang" yang bergema di seluruh alam semesta, terang lalu terbentuk, dan juga cahaya akan dipisahkan, dan semua adegan ini terjadi tepat di depan mata Anda! Juga, bayangkan Anda dapat melihat pengembangan terbentuk dari air dan air dibagi dari air. Betapa agung dan hebatnya adegan itu!

Berbagai Perjamuan di Surga

Berbagai perjamuan di Surga dapat dianggap sebagai titik puncak sukacita kehidupan di surga. Perjamuan-perjamuan ini membuat kita merasakan limpahan, kebebasan, keindahan, dan kemuliaan Surga dalam sekilas pandang. Di perjamuan orang-orang akan menyaksikan pertunjukan istimewa atau menari dengan orang-orang terkasih mereka dalam pakaian dan hiasan paling indah yang mereka miliki. Walauoun Anda tidak menari dengan baik di dunia ini, Anda dapat mempelajarinya dengan cepat dan menari dengan baik di Surga.

Bahkan di dunia ini, orang yang dipenuhi olehRoh Kudus mungkin akan mengalami keadaan di mana akan keluar bahasa lidah baru dan lagu-lagu baru. Tangan dan lengan akan bergerak secara otomatis dalam irama untuk menari dan memuji Allah. Di Surga, dengan tubuh surgawi yang sempurna, siapa pun dapat menari dengan Inda berbagi kasih Aziz Uang. Bahkan orang dapat memberikan kemuliaan bagi Allah dengan menari tunggal.

Ada banyak perjamuan di surga, dan ukuran serta tingkatannya berbeda di masing-masing tempat tinggal. Di Yerusalem Baru, ada perjamuan yang diadakan dalam nama Allah Tritunggal, atau perjamuan yang diadakan masing-masing dalam nama Allah Bapa, Allah Anak, dan Allah Roh Kudus.

Setiap saat semua orang di semua tempat tinggal surgawi akan diundang untuk ikut serta dalam perjamuan-perjamuan yang diberikan dalam nama Allah Tritunggal.

Misalkan, setelah Pengadilan Tahta Putih Besar, kita masing-masing akan diberikan tempat tinggal di Surga, dan kemudian akan ada perjamuan pertama diadakan di Yerusalem Baru. Allah akan mengundang semua warga kerajaan surga ke perjamuan ini. Semua orang yang ada di Yerusalem Baru dan Kerajaan Surga Ketiga dapat menghadirinya, tetapi dar Kerajaan Surga Kedua, sampai Kerajaan Surga Pertama, dan Firdaus, hanya perwakilannya yang sebenarnya bisa datang ke perjamuan.

Ketika orang dari tempat tinggal lainnya datang ke perjamuan yang diadakan di Yerusalem Baru, mereka harus mngganti pakaian dan hiasan mereka supaya bisa bisa pantas ada di Yerusalem Baru. Ini karena cahaya tubuh surgawi berbeda di masing-masing tempat tinggal. Begitu mereka mengenakan pakaian yang sesuai di Yerusalem Baru, mereka dapat menyesuaikan diri dengan tempat itu, dan mereka akan pantasi bagi perjamuan yang diadakan di sana.

Ada area-area khusus di mana orang dapat mengganti pakaian mereka. Ada begitu banyak jenis pakaian yang disiapkan bagi mereka. Para malaikat akan membantu mereka mengganti pakaian yang dipilih. Tetapi orang yang datang dari Firdaus harus mengganti sendiri pakaian mereka tanpa bantuan para malaikat. Begitu mereka mengenakan pakaian Yerusalem Baru yang gemilang, mereka akan tergerak oleh kemuliaan yang tak terungkapkan, dan mereka akan merasa tidak layak karena pakaian itu tidak mereka kenakan karena mereka telah berusaha memperolehnya.

Tidak seperti pakaian, mahkota tidak disediakan untuk di Yerusalem Baru. Masing-masing orang harus membawa sendiri mahkotanya. Mahkota yang ada di Kerajaan Surga Ketiga sangat berbeda dari yang ada di Yerusalem Baru, dan ada tanda kecil bulat di sudut kanan mahkotanya. Orang-orang yang berasal dari Kerajaan Surga Kedua, Kerajaan Surga Pertama, dan Firdaus mengenakan lambang bulat di dada kiri mereka sehingga mereka akan dapat dengan mudah dibedakan dari orang-orang yang tinggal di Yerusalem Baru atau Kerajaan Surga Ketiga. Orang yang berasal dari Kerajaan Surga Kedua dan Pertama mengenakan mahkota mereka untuk menghadiri perjamuan, tetapi orang yang dari Firdaus tidak memiliki mahkota dan mereka tidak mengenakan mahkota apa pun.

Perjamuan di Tempat Tinggal Berbeda

Malaikat biasanya mengurusi hiasan, menerima tamu, melayani makanan, dan semua aspek lain untuk persiapan pesta surgawi. Sama seperti pesawat memiliki layanan-layanan berbeda menurut kelas penerbangan, maka tingkat layanan dan semua persiapan untuk perjamuannya akan berbeda di masing-masing tempat tinggal surgawi.

Jika kita mengatakan bahwa perjamuan di Yerusalem Baru adalah psta yang diberikan oleh keluarga kerajaan atau bangsawan, maka perjamuan di Firdaus dapat disamakan dengan pesta orang miskin dengan tetangganya. Tetapi ini hanya perumpamaan, ini bukan berarti bahwa perjamuan di Firdaus kumuh dan tidak disiapkan dengan baik. Ini hanya berarti bahwa ada perbedaan yang sangat besar antara perjamuan di Yerusalem Baru dan di Firdaus.

Perjamuan di Firdaus tidak dilakukan oleh perorangan. Ada perjamuan untuk umum, ada juga untuk kelompok tertentu. Tidak ada malaikat yang melayani, sehingga orang-orang harus menyiapkan semuanya sendiri. Tapi bahkan di Firdaus, tidak ada kejahatan melainkan hanya kebaikan dan kasih, sehingga setiap orang akan menyiapkannya dengan sukacita dan kebahagiaan. Setiap orang melayani satu sama lain dengan perhatian, sehingga dapat menikmatinya penuh. Bahkan, ini adalah semacam kebahagiaan yang tak pernah dapat kita rasakan bahkan di pesta-pesta paling mewah di bumi ini. Jadi, betapa besar kebahagiaan dan kenikmatan perjamuan di Yerusalem Baru nantinya!

Pertunjukan

Lagu-lagu dan tarian adalah bagian penting dari perjamuan di Surga sama seperti di bumi ini. Para malaikat menawan akan menari dengan anggun atau memainkan alat musik dan menyanyikan lagu-lagu. Ada juga penampil yang akan menyanyikan pujian atau memainkan alat musik bersama dengan malaikat. Pujian, tarian, dan musik yang ditampilkan oleh para malaikat sangat indah, penuh keahlian dan tanpa cela. Tetapi Allah menerima sesuatu yang lebih menyukakan daripada penampilan para malaikat. Itu adalah pujian, tarian, dan penampilan alat musik dari anak-anak Allah karena mereka mempersembahkannya dengan pemahaman akan hati Allah dan dengan kasih mereka akan Dia.

Ada juga aula pertunjukan khusus di Yerusalem Baru. Ada aula yang besar dan indah yang ukurannya jauh lebih besar dan lebih indah dari Carnegie Hall atau Madison Square Garden di Kota New York, atau Rumah Opera di Sidney yang terus menjadi tempat diadakannya berbagai pertunjukan. Ini bukan agar para penampil menyombongkan kemampuan mereka. Melainkan untuk memberikan kemuliaan bagi Allahd an menghasilkan sukacita dan kebahagiaan bagi Tuhan dan orang lain.

Sebagian besar, para penampil biasanya adalah orang-orang dulu di bumi adalah penampil, dan kadang-kadang mereka akan mengulangi apa yang mereka tampilkan di bumi ini. Juga, ada orang-orang yang ingin ikut serta dalam pertunjukan di dunia ini tetapi tidak bisa, dan mereka belajar lagu-lagu pujian baru dan tarian di Surga dan menampilkannya.

Menurut sejauh apa sang penampil itu dikuduskan, maka mereka dapat tampil secara eksklusif di Yerusalem Baru, Kerajaan Surga Ketiga, Kerajaan Surga Kedua, atau Kerajaan Surga Pertama. Penyanyi, penari, dan pemain alat musik bagi Yerusalem Baru adalah penampil kelas atas yang dikasihi oleh semua orang di Surga. Setiap orang di Surga dapat menyaksikan penampilan mereka karena perjamuan atau penampilan yang diadakan di Yerusalem Baru dalam nama Allah Tritunggal disiarkan langsung ke semua tempat tinggal rohani.

Layar video akan dibuka di udara di ketinggian yang paling nyaman untuk mata semua orang melihat, sehingga melihat video yang jelas akan membuat mereka merasa seolah mereka ada di tempat yang sesungguhnya. Dengan begini, orang-orang di tempat tinggal surgawi lainnya dapat disentuh oleh perjamuan atau pertunjukan yang diadaka di Yerusalem Baru. Sama seperti selebriti diikuti oleh banyak penggemar di bumi ini, akan ada malaikat yang bertugas untuk memuji mengikuti mereka. Para malaikat ini memanggil mereka 'Tuan' dan mereka mencoba menyenangkan dan membahagiakan serta memberi sukacita bagi tuannya.

Dikasihi dan Dikagumi oleh tak terhitung banyaknya malaikat

Ada seorang wanita di Yerusalem Baru yang menikmati kehormatan sedemikian besar dan diikuti oleh tidak terhitung banyaknya malaikat. Ia adalah orang yang mengusahakan hati roh yang sempurna di bumi ini. Perempuan itu adalah Maria Magdalena. Ia mengenakan pakaian berkilauan yang panjangnya sampai ke lantai. Ia memiliki rambut yang turun sampai ke pinggangnya. Ia terlihat luar biasa cantik dengan mahkota di kepalanya.

Maria Magdalena mengusahakan kebaikan sempurna saat hidup di dunia ini, dan bentuk rohaninya mengeluarkan cahaya kemuliaan yang sedemikian terang. Suaranya dipenuhi dengan kerendahan hati dan selembut suara aliran sungai kecil. Ketika ia berbicara, aroma kerendahan hati dan kebaikannya akan keluar, dan semua malaikat dan manusia akan tergerak oleh kata-katanya. Jadi, kadang-kadang malaikat di sekitar Maria Magdalena akan mengelilinginya dan memuji aroma kebaikannya.

Ia berada dalam posisi yang sangat terhormat karena bisa melihat Allah setiap saat, sehingga orang dapat merasakan hati, keagungan, dan cahaya kemuliaan Allah hanya dengan melihat dia. Sekarang, bagaimana Maria Magdalena bisa memperoleh posisi yang demikian terhormat?

Maria Magdalena disembuhkan dari banyak penyakit dan dibebaskan dari kuasa kegelapan dengan bertemu Tuhan. Ia senantias bersyukur atas kasih karunia Tuhan ini dan melayani Dia tanpa berubah sikap. Ketika Yesus disalibkan, ada begitu banyak pengikutnya yang pergi. Tetapi Maria memiliki hati yang tak berubah sehingga ia menyertai Yesus sampai saat kematian-Nya. Ia bahkan mengunjungi makam Yesus. Akhirnya ia bahkan tinggal dekat dengan tahta Allah di Yerusalem Baru.

Allah ingin berbagi kasih kekal-Nya dengan anak-anak sejati-Nya dan menerima pujian dari mereka yang telah mengusahakan hati kebaikan yang sedemikian indah seperti Maria Magdalena.

Yesaya 43:21 berkata, "Umat yang telah Kubentuk bagi-Ku akan memberitakan kemasyhuran-Ku." Apa yang diinginkan

Allah bukan hanya suara yang indah, koreografi yang menawan, atau suara alat musik yang indah> Ia menginginkan pujian yang datang dari hati saleh dan baik. Allah kadang-kadang juga bernyanyi. Dalam melodi dan irama yang indah Ia menyanyikan tentang hal-hal ajaib yang dilakukan oleh Anak tunggal-Nya Yesus, atau pekerjaan luar biasa yang dimanifestasikan oleh Roh Kudus.

Tidak seorang pun yang dapat meniru suara Tuhan menyanyi. Suara-Nya sangat indah sehingga setiap orang akan terpukau hanya dengan mendengarnya sekali. $Suara-Nya juga nyaring sehingga dapat mengguncang seluruh dunia, tapi tidak semua orang di Surga akan dapat mendengarnya. Suara nyanyian Allah hanya dapat didengar oleh orang-orang yang dekat ke tahta Allah di Yerusalem Baru. Karenanya, diharapkan agar kita mencapai tingkat roh penuh, memuji Allah di kerajaan surga kekal, dan memperoleh posisi mulia di mana kita bahkan bisa mendengarkan nyanyian Allah.

Roh, Jiwa, dan Tubuh (II)

Bagian 3

Melampaui Keterbatasan Manusia

Mengalami Ruang Allah

Melihat Allah yang Merupakan Terang

" Sesungguhnya barangsiapa percaya kepada-Ku, ia akan melakukan juga pekerjaan-pekerjaan yang Aku lakukan, bahkan pekerjaan-pekerjaan yang lebih besar dari pada itu; sebab Aku pergi kepada Bapa."
Yohanes 14:12

Bab 1

Ruang Allah

Tidak seperti ruang fisik, ruang Allah tidak terbatas Begitu kita menjadi anak-anak sejati Allah, kita dapat melampaui keterbatasan manusia dengan kuasa Allah yang tak terbatas. Di ruang Allah, semua hal dapat tercipta dari ketiadaan, orang mati bisa dikembalikan menjadi hidup, dan semua yang diinginkan Allah di dalam hati-Nya dapat dilakukan. Tidak ada hanya yang mustahil di ruang Allah.

Ruang adalah pengembangan permukaan area tiga-dimensi. Ini juga bisa disebut sebagai perluasan tanpa batas dari wilayah tiga-dimensi tempat semua massa berada. Sekarang, ada juga ruang cyber yang diciptakan oleh komputer. Ini terbuka kepada siapa saja, tetapi orang dapat menggunakannya dalam ukuran berbeda, tergantung pada pengetahuan mereka dan kemampuan mereka menggunakan komputer. Dengan cara yang sama, kita dapat menggunaka ruang Allah dan mengalami hal-hal ajaib yang tertulis di Alkitab sampai sejauh apa kita memahami dan memanfaatkan ruang Allah.

Alam rohani tidak berada di ujung alam semesta. Ini sangat dekat dari alam fisik kita. Sama seperti kita bisa melihat keluar jika kita membuka jendela rumah kita, kita juga bisa melihat ruang rohani jika gerbang alam rohani dibuka.

Di dalam Alkitab, kita bisa membaca tentang Tuhan yang dibangkitkan naik ke Surga dilihat oleh banyak murid. Kisah Para Rasul 1:9 berkata, "Sesudah Ia mengatakan demikian, terangkatlah Ia disaksikan oleh mereka, dan awan menutup-Nya dari pandangan mereka." Yesus pergi ke Surga oleh ruang rohani yang dibuka di sekitar ketinggian tempat awan dibentuk. Jika kita pahan tentang alam rohani dengan jelas, kita dapat memperoleh jawaban untuk berbagai pasal yang sangat sulit di dalam Alkitab. Kita juga dapat memiliki iman dan pengharapan sempurna di Surga.

Kelihatannya semua orang tidak memiliki pilihan lain dari hidup menurut keterbatasan mereka akna ruang dan waktu. Tetapi kita dapat mengatasi keterbatasan demikian kareba kita adalah anak-anak sejati Allah. Bahkan roh jahat tidak akan bisa menyentuh kita. Kita akhirnya akan masuk ke dalam kerjaan surga yang terletak di surga ketiga, di mana bahkan roh Adam tidak bisa tinggal. Terlebih lagi, kita juga akan mengalami kuasa Allah yang tanpa batas yang ada di surga keempat. Dan karena kamu adalah anak, maka Allah telah menyuruh Roh Anak-Nya ke dalam hati kita, yang berseru: '„ya Abba, ya Bapa!" Jadi kamu bukan lagi hamba, melainkan anak; jikalau kamu anak, maka kamu juga adalah ahli-ahli waris, oleh Allah". (Galatia 4:6-7)"

Ruang dan Dimensi dalam Pandangan Allah

Seperti yang sudah disebutkan di Bagian 1'Ruang Luas di Alam Rohani; setelah Allah merencanakan pengusahaan manusia, Ia membagi ruang mula-mula menjadi banyak ruang dnegan dimensi-dimensi berbeda. Umumnya, Ia membagi ruang menjadi empat surga dari surga pertama sampai surga keempat. Surga pertama adalah kecil proporsinya dibandingkan dengan ruang pertama, satu saja. Ketika Allah menciptakan ruang-ruang berbeda dengan dimnsi berbeda, Ia menetapkan prinsip di antaranya yang menyatakan bahwa dimensi yang lebih tinggi dapat menundukkan dan memerintah dimensi yang lebih rendah, dan dimensi yang lebih rendah tunduk pada dimensi yang lebih tinggi.

Langit pertama yang merupakan alam jasmani termasuk

Bumi, matahari dan bulan serta bintang-bintang yang kita lihat, adalah dimensi pertama. Ini adalah dunia jasmani, sehingga segala sesuatu dapat berubah, musnah, atau mati. Dimensi kedua adalah ruang di surga kedua. Surga kedua umumnya dibagi menjadi wilayah terang dan wilayah kegelapan. Di area terang ada Eden, di mana terletak Taman Eden. Di sebelah Eden ada wilayah kegelapan di mana roh-roh jahat berkuasa di udara.

Dimensi Ketiga adalah kerajaan surga, surga ketiga. Ini adalah tempat di mana anak-anak Allah yang diselamatkan akan hidup kekal. Saat memasuki Yerusalem Baru, yang menaungi tahta Allah, ada tempat tingga berbeda yang dibedakan berdasarkan ukuran iman masing-masing orang. Dimensi keempat adalah surga keempat, dan ini merupakan ruang di mana Allah mula-mula ada sebagai cahaya dan suara. Ini adalah surga keempat dari mana Allah Tritunggal memerintah atas semua-surga ketiga, kedua, dan pertama-sambil menunjukkan pekerjaan penciptaan yang melampaui ruang dan waktu.

Ruang empat-dimensi yang misterius adalah ruang Allah. Ini adalah tempat di mana Allah mula-mula ada dan ini merupakan tempat yang luar biasa indah. Tidak seorang pun dapat pergi ke wilayah ini selain Allah Trituggal, dan beberapa orang yang memiliki izin istimewa dari Allah.

Ruang Allah adalah ruang tanpa akhir di mana Allah dapat membuat hal yang ada menjadi hilang dan membuat sesuatu dari ketiadaan. Benda-benda dapat timbul dalam bentuk cair, gas, dan padat. Hanya orang-orang yang memiliki kualifikasi yang layak yang dapat memasuki area ini. Sekarang mari kita lihat ruang Allah yang ajaib dan misterius ini.

Hati Allah adalah Ruang Allah

Ruang di mana Allah ada sebelum permulaan waktu adalah ruang rohani yang tidak kelihatan oleh mata kita. Ini dulunya adalah suatu tempat yang besar, dan pada saat itu alam rohani dan alam jasmani belum dibagi. Allah ada sebagau cahaya yang indah dan cemerlang dan berisi suara yang berdenting. Ia bergerak di panjang alam semesta memerintah atas segalanya sendirian.

Allah mula-mula menyimpan seluruh alam semestra di dalam hati-Nya. Dengan kata lain, seluruh alam semestra terkandung di dalam hatinya. Mari saya berikan kepada Anda sebuah ilustrasi untuk membuat Anda lebih memahami tentang 'menyimpan alam semesta di dalam hati. Jika Anda mengingat kampung halaman Anda, maka Anda dapat menggambarkan bayangan seperti apa kampung hlaman Anda dan mungkin Anda bertanya-tanya seperti apa kelihatannya sekarang. Atau jika Anda memikirkan seseorang yang Anda kasihi dan teringat akan waktu ketika Anda bertemu orang itu, maka pikiran Anda sudah ada ada ditempat di mana Anda sedang bersama dia.

Dan bagi Allah, Ia bisa ada di mana saja di alam semesta ini melintasi ruang dan waktu jika Ia inginkan dalam hati-Nya. Kita mengungkapkan ciri Allah ini dengan mengatakan bahwa Ia 'Mahahadir. Karena Ia mahahadir, maka Allah dapat menyimpan semua sudut alam semesta dan memerintah atas segalanya.

Mazmur 68:33 berkata, "Bagi Dia yang berkendaraan melintasi langit purbakala. Perhatikanlah, Ia memperdengarkan suara-Nya, suara-Nya yang dahsyat." 'Berkendaraan di langit tertinggi berarti bahwa Allah sepenuhnya memerintah atas semua ruang lain dari surga pertama sampai surga keempat. Dikatakan bahwa suaranya dahsyat, tetapi suara ini tidak terjangkau untuk didengar oleh telinga kita. Begitu Allah berbicara dengan suara penciptaan mula-mula, semua hal akan menaatinya, dan otoritas serta kehormayannya akan mengguncang semua surga.

Untuk Memiliki Ruang Allah

Allah ingin agar anak-anak-Nya yang terkasih juga memiliki ruang Allah dan memerintah atas semua ruang ini. Tetapi ada satu syarat untuk dapat memiliki ruang ini, karena adala aturan kasih dan keadilan yang ditetapkan oleh Allah untuk pengusahaan manusia. Keadilan adalah hukum dan prinsip. Sama seperti ada banyak hukum untuk masyarakat dan aturan lalu lintas untuk berkendara, ada juga Hukum Allah, dan ini adalah keadilan Allah.

Lalu apa yang dimaksud dengan memiliki ruang ini? Ini adalah untuk menyimpan ruang ini di hati sepenuhnya. Tentu saja, menyimpan ruang Allah di dalam hati kita tidak berarti kita dapat menjadi mahahadir seperti Allah. Ini hanya berarti bahwa hal-hal luar biasa dapat terjadi hanya dengan membuka ruang Allah di dunia jasmani ini.

Ketika Allah membagi ruang-ruang, Ia membaginya berdasarkan pada kasih dan keadilannya yang sesuai untuk masing-masing ruang. Saat kita naik kedimensi dari yang pertama, kedua, ketiga, dan menuju ke surga keempat, maka dimensi keadilan juga akan menjadi semakin luas dan dalam. Masing-masing surga ditata dalam tatanan yang tanpa salah. Alasan kenapa masing-masing ruang memiliki dimensi keadilan berbeda adalah karena masing-masin g surga memilikidimensi kasih yang berbeda. Kasih dan keadilan tidak dapat dipisahkan. Semakin dalam dimensi kasihnya, maka akan semakin dalam juga dimensi keadilannya.

Ketika Yesus mengampuni wanita yang telah melakukan perzinahan, itu adalah karena kasih yang melampaui tingkatan keadilan (Yohanes 8). Ketika wanita itu tertangkap di tempat melakukan perzinahan, orang-orang yang menghakimi oleh keadilan surga pertama mengatakan bahwa merekja harus segera merajamnya. Tetapi Yesus, yang memiliki keadilan dari surga keempat berkata, „Akupun tidak menghukum engkau. Pergilah, dan jangan berbuat dosa lagi mulai dari sekarang" (Yohanes 8:11). Itu adalah kasih sejati yang terkandung dalam keadilan.

Kita dapat memiliki ruang Allah dan bergerak bebas melintasi semua ruang hanya ketika kita memiliki kasih dan keadilan Allah sepenuhnya. Kemudian kita juga harus mengerti aturan alam rohani dan melihat melampaui semua hal yang terjadi di dunia jasmani ini. Yesus yang sama sekali tidak berdosa mati di kayu salib di tangan para pendosa. Karena ia memiliki kasih yang melampaui keadilan, Yesus memanifestasikan pekerjaan-pekerjaan ajaib kuasa Allah seperti menyembuhkan penyakit yang tak dapat disembuhkan dan menenangkan angin dan gelombang. Ia dapat membaca pikiran dan benak orang-orang yang ada di dimensi pertama.

Mereka yang ada di dimensi pertama terikat oleh keterbatasan ruang jasmani dan waktu. Tetapi setelah kita menerima Yesus Kristus dan dilahirkan kembali oleh Roh Kudus, kita dapat dibebaskan dari keterbatasan sedemikian sampai kita dapat mengusahakan hati kita menjadi hati rohani. Jika kita menjadi manusia roh dan roh penuh yang berasal dari dimensi ketiga yang merupakan alam rohani,Iblis dan setan yang ada di dimensi kedua, akan takut kepada kita walaupun secara jasmani kita ada di dimensi pertama.

Kejadian 1:28 berkata, "Allah memberkati mereka lalu Allah berfirman kepada mereka: „Beranakcuculah dan bertambah banyak; penuhilah bumi dan taklukkanlah itu, berkuasalah atas ikan-ikan di laut dan burung-burung di udara dan atas segala binatang yang merayap di bumi'". Adam adalah roh yang hidup. Ia adalah makhluk rohani yang tinggal di surga kedua dan ia memiliki otoritas untuk memerintah segala yang ada di Surga Pertama.

Dengan cara yang sama, jika kita memiliki kasih dan keadilan Allah yang berasal dari surga keempat, maka kita dapat memanifestasikan kuasa Allah yang ada du surga keempat melampaui keterbatasan manusia. Karena itulah Yesus berjanji di dalam Yohanes 14:12, "Aku berkata kepadamu: sesungguhnya barangsiapa percaya kepada-Ku, ia akan melakukan juga pekerjaan-pekerjaan yang Aku lakukan, bahkan pekerjaan-pekerjaan yang lebih besar dari pada itu; sebab Aku pergi kepada Bapa."

Pekerjaan Penciptaan Terjadi di Ruang Allah

Kita dapat melakukan apa pun yang kita inginkan di ruang Allah. Di atas segalanya, akan ada pekerjaan penciptaan. Ketika Allah membuat langit dan bumi dan semua hal di dalamnya, itu adalah pekerjaan penciptaan. Yesus juga memanifestasikan pekerjaan penciptaan karena Ia memiliki ruang Allah. Salah satu contoh terbaik adalah tanda pertama dalam pelayanan-Nya, yaitu untuk membuat anggur dari air.

Pada suatu hari Ia pergi ke pernikahan dan mereka kehabisan anggur. Perawan Maria merasa kasihan kepada tuan rumah dan meminta Yesus untuk menolongnya. Mula-mula Ia sepertinya menolak permintaan Maria. Tetapi Maria tidak menjadi kecewa melainkan tetap menunjukkan imannya yang tak berubah. Ia sangat tahu siapa Yesus itu dan bahwa Ia lebih dari mampu untuk membuat anggur dari air. Maria percaya bahwa ia telah menerima jawaban dari Yesus dan sehingga ia menyuruh para pelayan untuk melakukan saja apa pun yang Yesus perintahkan kepada mereka.

Yesus melihat iman Maria dan menyuruh para pelayan untuk mengisi bejana air. Ketika pelayan mengisi enam bejana air, Yesus menyuruh mereka untuk mengambil sedikit dan membawanya kepada kepala pelayan. Ketika para pelayan membawanya kepada kepala pelayan air itu telah berubah menjadi anggur. Hanya dengan menyimpannya di dalam hati, air di enam bejana air telah berubah menjadi anggur yang baik.

Di dalam ruang Allah pekerjaan penciptaan seperti ini dapat terjadi hanya dengan menginginkannya dalam hati. Tentu saja, Yesus menunjukkan pekerjaan penciptaan demikian ketika sesuai menurut keadilan Allah dan tidak dilakukan kapan saja. Tanda ini dibuat mungkin karena iman sempurna Maria cukup untuk memenuhi keadilan Allah.

Yesus memberi makan ribuan orang dengan lima roti dan dua ikan, dan di lain waktu dengan tujuh roti dan dua ikan. Apakah keadilan Allah yang dibutuhkan untuk tanda ini? "Lalu Yesus memanggil murid-murid-Nya dan berkata, 'Hati-Ku tergerak oleh belas kasihan kepada orang banyak itu. Sudah tiga hari mereka mengikuti Aku dan mereka tidak mempunyai makanan. Aku tidak mau menyuruh mereka pulang dengan lapar, nanti mereka pingsan di jalan.'" (Matius 15:32).

Ribuan orang tinggal bersama Yesus selama tiga hari berturut-turut merindukan untuk mendengar khotbah-Nya. Mereka mendengarkan Yesus dan bersukacita bersama ketika orang sakit disembuhkan. Iman mereka kepada Yesus sempurna setidaknya pada saat itu. Berdasarkan iman mereka ini, kasih Yesus ditambahkan dan ini memenuhi keadilan Allah untuk memungkinkan terjadinya pekerjaan penciptaan.

Janda Sarfat Mengalami Pekerjaan Penciptaan

Pekerjaan penciptaan yang serupa disebutkan juga dalam 1 Raja-Raja 17. Ketika Elia pergi ke Sidon dan bertemu janda di Sarfat dalam keataatannya pada Firman Allah, janda ini sangat miskin. Karena kekeringan yang berkepanjangan mereka kehabisan makanan. Ia hanya memiliki segenggam tepung dan sedikit minyak. Elia menyuruhnya untuk memanggang roti dengan sisa sedikit makanan terakhir yang ia miliki, dan memberinya perkataan berkat. "Sebab beginilah firman TUHAN, Allah Israel, 'Tepung dalam tempayan itu tidak akan habis dan minyak dalam buli-buli itupun tidak akan berkurang sampai pada waktu TUHAN memberi hujan ke atas muka bumi.'"" (1 Raja-Raja 17:14).

Setelah mendengar ini, janda Sarfat itu tidak mencari dalih melainkan langsung taat. Ia tidak berada dalam situasi yang memungkinkannya melakukan itu jika kita berpikir dengan akal sehat. Ia sedang berada dalam keadaan yang akan mati setelah memakan sisa makanan terakhir yang dimilikinya, dan orang ini meminta makanannya itu. Ia bisa saja berpikir bahwa Elia tidak tahu diri. Tapi ia tidak begitu. Allah menggerakkan hatinya dan memberi tahu bahwa Elia adalah hamba Allah, dan ia menaati perkataan Elia.

Akibatnya berkat seperti apakah yang ia terima? 1 Raja-Raja 17:15-16 berkata, "Lalu pergilah perempuan itu dan berbuat seperti yang dikatakan Elia; maka perempuan itu dan dia serta anak perempuan itu mendapat makan beberapa waktu lamanya. Tepung dalam tempayan itu tidak habis dan minyak dalam buli-buli itu tidak berkurang seperti firman TUHAN yang diucapkan-Nya dengan perantaraan Elia."

'Beberapa waktu lama di sini artinya bukan hanya sekadar beberapa hari tetapi periode waktu yang lama. Tepung dan minyak tidak pernah habis dari karya penciptaan. Lalu, bagaimana Elia memanifestasikan karya penciptaan sedemikian, yang dapat dimanifestasikan hanya dalam ruang Allah?

Elia tidak memiliki ruang Allah, tapi setidaknya untuk saat itu, ia membaca dan menerima hati serta kehendak Allah secara terbatas. 'Terbatas di sini maksudnya ia membaca hati Allah tentang hal-hal tertentu untuk saat tertentu. Kadang-kadang Allah membuat manusia membaca hati-Nya untuk memenuhi kehendak Allah.

Elisa menerima dua bagian dari ilham Elia gurunya, tetapi ketika Allah tidak membuatnya mengerti, bahkan ia tidak tahu kenapa wanita Sunem itu bersusah hati. Ia melahirkan seorang anak laki-laki karena ia melayani hamba Allah Elisa dengan segenap upayanya. Tetapi anaknya tiba-tiba meninggal dan ketika itu terjadi, ia langsung mendatangi Elisa. Tapi sampai perempuan itu memberi tahu apa yang terjadi, Elisa tak dapat mengetahui apa kesusahannya. „""Dan sesudah ia sampai ke gunung itu, dipegangnyalah kaki abdi Allah itu. , tetapi Gehazi mendekat hendak mengusir dia. Lalu berkatalah abdi Allah,

'Biarkanlah dia, hatinya pedih! TUHAN menyembunyikan hal ini dari padaku, tidak memberitahukannya kepadaku.'" (2 Raja-Raja 4:27).

Untuk dapat membaca hati Allah dan menggunakan ruang-Nya, sangat penting untuk mengusahakan hati roh sepenuhnya sehingga kita akan mempercayai Allah dan menaati Dia sepenuhnya. Alasan mengapa para nabis seperti Elia, Abraham, Musa, dan Paulus menggunakan ruang Allah adalah karena mereka telah memiliki hari roh yang sepenuhnya. Ketika Allah memerintahkan mereka untuk melakukan sesuatu, mereka mengerti akan niat Allah yang terkandung dalam perintah itu. Mereka merasakan bagaimana Allah akan bekerja dan mereka dapat menggambarkannya di dalam pikiran mereka, sehingga mereka mendapat kepercayaaan diri rohani.

Elia dengan berani menyatakan akan Allah yang hidup dan menurunkan api dari langit karena ia merasa dalam hatinya bahwa Allah akan melakukannya. Sama sperti ketika ia meminta janda di Sarfat untuk memberinya makanan terakhirnya. Jika kita memiliki kepercayaan penuh kepada Allah, kita dapat menaati bahkan hal-hal yang sama sekali tidak masuk akal, dan ketika kita melakukan itu, maka hal itu akan terjadi seperti Allah yang telah berbicara. Karya penciptaan berlangsung bagi janda itu karena baik janda dan Elia memenuhi ukuran keadilan Allah.

Janda ini mempercayai hamba Allah, Elia, dan ia percaya bahwa perkataannya sama seperti Firman Allah sendiri. Ia taat pada perkataan Elia tanpa keraguan dan tanpa menggunakan pemikiran manusia. Dengan begini, ia dapat berpartisipasi dalam ruang Allah yang sedang digunakan Elia.

2 Tawarikh 20:20 berkata:

"Percayalah kepada TUHAN, Allahmu, dan kamu akan tetap teguh. Percayalah kepada nabi-nabi-Nya, dan kamu akan berhasil".

Elia menggunakan ruang Allah yang merupakan milik Allah eksklusif, dengan mempercayai Dia sepenuhnya. Janda itu mempercayai Elia sepenuhnya, dan akibatnya ruang Allah turun atas mereka, dan mereka melihat karya penciptaan. Seperti yang terjadi di atas, Allah menyelubungi orang dengan ruang Allah, jika dengan iman dan ketaatan mereka menjadi satu dengan hamba Allah yang menggunakan ruang Allah.

Tiga Teman Daniel Tidak Terluka di Tungku Perapian

Tiga teman Daniel dilempar ke dalam tungku perapian hanya karena mereka tidak mau sujud menyembah berhala. Tungku perapian itu tujuh kali lebih panas dari biasanya, dan para prajurit yang mendekati perapian untuk melemparkan mereka terbakar sampai mati. Sudah jelas bahwa ketiga orang itu seharusnya sudah terbakar sampai mati juga. Tetapi apa yang sesungguhnya terjadi?

Daniel 3:24-25 berkata, "Kemudian terkejutlah raja Nebukadnezar lalu bangun dengan segera; berkatalah ia kepada para menterinya, 'Bukankah tiga orang yang telah kita campakkan dengan terikat ke dalam api itu? Jawab mereka kepada raja, 'Benar, ya raja.' Katanya, ' Tetapi ada empat orang kulihat berjalan-jalan dengan bebas di tengah-tengah api itu, mereka tidak terluka, dan yang keempat itu rupanya seperti anak dewa!"

Tentu saja ada tiga orang yang dilemparkan ke dalam tungku

perapian, tetapi di sana ada empat orang. Raja mengira salah satu dari mereka seperti anak dewa. Pada dasarnya orang-orang tak dapat melihat makhluk rohani, tetapi Allah membuka mata rohani sang raja dan membuatnya dapat melihat makhluk rohani di sana. Dan setelah ketiga orang muda itu keluar dari perapian, orang-orang melihat, bahwa tubuh orang-orang ini tidak mempan oleh api itu, bahwa rambut di kepala mereka tidak hangus, jubah mereka tidak berubah apa-apa, bahkan bau kebakaranpun tidak ada pada mereka (Daniel 3:27).

Bagaimana bisa hal seperti ini terjadi? Alasan mengapa ketiga teman Daniel dilindungi adalah karena ruang Allah menyelubungi mereka. Kita bisa menyimpulkan dari frasa ini bahwa seorang laki-laki yang 'seperti anak dewa menyertai mereka. Tentu saja, tidak ada 'dewa-dewa, tetapi hanya ada Allah, namun Nebukadnezar mengatakan demikian karena ia adalah pemuja dewa-dewa kafir.

Lalu, siapakah 'anak dewa ini'? Itu adalah Allah Roh Kudus. Allah Roh Kudus Sendiri turun ke atas mereka dan ruang Allah menyelubungi ruang jasmani itu.

Musa mengubah air pahit Mara menjadi air manis

Keluaran pasal 15 menggambarkan adegan di mana air Mara yang pahit diubah menjadi air manis, dan ini juga merupakan peristiwan yang terjadi dalam ruang Allah. Anak-anak Israel menyeberangi Laut Merah dan masuk ke padang gurun, dan mereka tak memperoleh air selama tiga hari. Mereka menemukan air di Mara, tetapi airnya pahit dan tak bisa diminum. Sekarang mereka mengeluh terhadap Musa. Ketika Musa berdoa tentang hal itu, Allah menunjukkan kepadanya sebatang kayu. Ketika ia membuangnya ke air, maka air itu berubah menjadi manis. Apakah kayu itu memiliki unsur yang dapat mengubah rasa air? Tidak. Allah menyelubungi air itu dengan ruang Allah dan memanifestasikan karya penciptaan karena mempertimbangkan iman dan kesetiaan Musa.

Karya penciptaan yang sama juga dimanifestasikan di gereja kita dan memberikan kemuliaan bagi Allah secara luar biasa. Saya berdoa di Seoul agar air asin di Muan dapat berubah menjadi air manis, dan doa itu dijawab.

Air itu berasal dari sebuah sumur di Gereja Manmin Muan. Letaknya di Heje Myeaon, Muan Goon, Provinsi Jeonnam. Tempat ini sepenuhnya dikelilingi oleh laut, dan ketika mereka menggali sumur, mereka hanya bisa memperoleh air asin. Mereka memasang saluran pipa dari tempat sejauh 3 km untuk mendapatkan air segar, tetapi masih kekuangan air minum. Anggota jemaat Gereja Manmin Muan ingat akan tanda yang dimanifestasikan di Mara dan mereka percaya bahwa hal yang sama dapat terjadi pada mereka, dan mereka mendoakan agar hal itu terjadi. Mereka meminta saya berkali-kali untuk datang ke Muan dan berdoa agar air asin itu diubah menjadi air manis.

Pada bulan Februari 2000, saya sedang melakukan sesi doa di gunung selama 10-hari, dan saya khusus berdoa untuk Gereja Manmin Muan. Selama waktu itu anggota jemaat Gereja Manmin Muan juga mengadakan puasa-berantai untuk mendoakan gereja dan sata, dan mereka menyaksikan ada pelangi melingkar di atas gereja mereka setiap hari selama 10 hari.

Setelah saya menyelesaikan doa saya di gunung, saya diilhami olehRoh Kudus untuk mendoakan air Muan agar berubah menjadi manis. Saya tidak perlu pergi ke Muan untuk mendoakan sendiri sumur-sumur di sana, namun Allah bekerja melampaui ruang dan waktu untuk mengubah air asin itu menjadi air manis.

Doa saya dan iman para jemaat Gereja Manmin Muan memenuhi keadilan Allah dan mmbuat karya penciptaan ini jadi mungkin. Sampai sekarang sumur di Gereja Manmin Muan mengalirkan air yang manis. Ini karena sumur itu diselubungi oleh ruang Allah sang Pencipta. Air manis Muan telah diuji oleh badan POM Amerika Serikat (FDA) dan terbukti sebagai air sehat yang kaya akan mineral. Ada juga begitu banyak karya penyembuhan yang berlangsung melalui air ini sehingga proses ziarah ke gereja ini tak pernah berhenti.

Orang Mati Dibangkitkan

Ruang Allah hanya tidak hanya dapat menunjukkan karya penciptaan tetapi juga dapat mengendalikan hidup dan mati. Ruang Allah dapat membangkitkan orang mati atau membunuh orang yang hidup. Ini berlaku pada semua yang memiliki nyawa– baik tanaman ataupun hewan.

Bilangan Pasal 17 menuliskan tentang tongkat Harun yang bertunas. Ini mungkin karena tongkat itu diselubungi oleh ruang Allah. Tongkat yang sudah kering ini bertunas dan menghasilkan bunga, dan menghasilkan buah badam. Bahkan untuk pohon yang hidup, akan memerlukan waktu berbulan-bulan untuk dapat menghasilkan tunas dan buah, sementara tongkat Harun adalah batang kayu yang sudah kering. Itu mungkin karena tongkat itu diselubungi oleh ruang Allah.

Ketika Yesus mengutuk pohon ara, pohon itu segera mati, dan itu juga terjadi karena pohon itu diselubungi oleh ruang

Allah. "...Dekat jalan Ia melihat pohon ara lalu pergi ke situ, tetapi Ia tidak mendapat apa-apa pada pohon itu selain daun-daun saja. Kata-Nya kepada pohon itu,'„Engkau tidak akan berbuah lagi selama-lamanya!"' Dan seketika itu juga keringlah pohon ara itu. Melihat kejadian itu tercenganglah murid-murid-Nya dan berkata, '„Bagaimana mungkin pohon ara itu sekonyong-konyong menjadi kering?" (Matius 21:19-20)

Demikian juga yang terjadi ketika Yesus membangkitkan Lazarus yang sudah mati. Dalam Yohanes pasal 11, kita membaca bahwa Lazarus telah meninggal selama empat hari dan tubuhnya sudah berbau tak enak. Tetapi ketika Yesus memanggilnya, rohanya kembali ke tubuhnya, dan tubuhnya yang membusuk dipulihkan. Bahkan hal yang mustahil di ruang jasmani dapat dibuat mungkin dalam sekejap di ruang Allah.

Ada seorang anak laki-laki remaja di gereja kami yang sepenuhnya sudah kehilangan penghilangan di salah satu matanya, tetapi penglihatannya dipulihkan. Ia menjalani operasi katarak di maka kirinya saat ia berusia tiga tahun, tetapi sebagai efek samping ia mengalami uveitis parah dan lepasnya retina. Retinanya keluar dari dinding okuler dan ia tak bisa melihat dengan baik. Kemudian terjadi hal lebih buruk, ia juga mengalami phthisis bulbi, atau pengerutan bola mata. Akhirnya ia kehilangan penglihatan di mata kiri sepenuhnya pada tahun 2006.

Tapi pada bulan Juli 2007, ia memperoleh penglihatannya melalui doa. Mata kirinya bahkan tak dapat merasakan cahaya, tetapi ia kembali memperoleh penglihatan 0,1. Bola matanya yang mengecil juga kembali ke ukuran normal. Terlebih lagi, mata kanannya biasanya memiliki penglihatan 0,1 tapi membaik jadi 0,9. Kasus ini dipresentasikan bersama dengan dokumen medis terinci kepada lebih dari 220 dokter medis dari 41 negara di Konferensi Kedokteran Kristen Internasional (International Christian Medical Conference) Ke-5 yang diadakan di Norwegia, dan dipilih sebagai kasus paling mengagumkan dari antara beberapa kasus lainnya yang dipresentasikan di konferensi itu.

Prinsip yang sama juga berlaku bagi semua organ yang lain, jaringan, atau syaraf. Bahkan jika syaraf di sel dan tubuhnya mati akibat terlalu banyak kecekaan atau penyakit, mereka bisa menjadi normal kembali jika diselubungi oleh kuasa Allah. Bahkan cacat tubuh dapat dipulihkan dalam ruang Allah. Terlebih lagi, penyakit-penyakit disebabkan oleh kuman, satu virus seperi kanker, AIDS, TBC, flu, deman, dapat disembuhkand alam ruiang Allah.

Bila ada penyakity, apiRoh Kudus turun dan membakar kuman atau vius=-birus itu. Kemudian, bagian tubuh yang sudah rusak akibat penyakitnya kembali. Bahkan bagi pasangan yang mandul, jika bagian tubuh yang mengalami masalah diselubungi oleh Kuasa Allah dan pulih, mereka bisa berhasil dalam pembuahan. Tetapi untuk dapat disembuhkan penyakit dan kelemahan di ruang Allah, setiap orang harus memiliki kualifikasi keadilan Allah.

Pekerjaan yang Melampaui Ruang dan Waktu

Pekerjaan kuasa yang memanifestasikan ruang Allah dapat dilakukan melampaui keterbatasa ruang dan waktu. Ini mungkin terjadi karena ruang Allah menundukkan dan melampaui dimensi lainnya. Mazmur 19:4 berkata, "tetapi gema mereka terpencar ke seluruh dunia, dan perkataan mereka sampai ke ujung bumi. Ia memasang kemah di langit untuk matahari." Ini berarti Firman Allah yang diucapkan dari langit keempat sampai ke ujung dunia.

Bahkan di jarak yang begitu besar di langit pertama, ruang jasmani, secara virtual sama seperti tidak berjarak bagi ruang Allah. Cahaya mengelilingi Bumi tujuh setengah kali per detik. Tetapi cahaya kuasa Allah dapat menjangkau bukan hanya ujung Bumi tetapi juga ujung alam semesta dengan sekejap mata. Jarak fisik tidak ada artinya dalam ruang Allah.

Dalam Matius pasal 8, ada seorang kepala prajurit datang kepada Yesus dan meminta-Nya untuk menyembuhkan penyakit salah seorang hambanya. Yesus berkata bahwa Ia akan datang bersama kepala prajurit itu untuk menyembuh hambanya, tetapi sang kepala prajurit berkata, "Tuan, aku tidak layak menerima Tuan di dalam rumahku, katakan saja sepatah kata, maka hambaku itu akan sembuh." (ay. 8). Maka, jawab Yesus kepadanya, "Pulanglah dan jadilah kepadamu seperti yang engkau percaya." (ay. 13). Pada saat itu juga sang hamba disembuhkan.

Orang sakit disembuhkan di tempat lain ketika Yesus hanya memerintahkan dengan Firman-Nya, karena Ia memiliki ruang Allah. Kepala prajurit itu dapat menerima berkat yang demikian karena ia menunjukkan iman yang penuh kepada Yesus. Yesus juga memuji imannya dengan mengatakan, „sesungguhnya iman sebesar ini tidak pernah Aku jumpai pada seorangpun di antara orang Israel."(ay. 10).

Kepada anak-anak yang dipersatukan dengan Dia dalam

iman, Allah selalu menunjukkan pekerjaan kuasa-Nya yang melintasi ruang dan waktu. Cynthia di Pakistan sedang sekarat karena penyakit penghambatan usus dan Celiac. Kakak Cynthia sedang ada di Korea pada saat itu, dan ia membawa foto Cynthia kepada saya untuk menerima doa saya atas foto itu. Penyembuhan itu terjadi melintasi batasan ruang dan waktu. Di Amerika Serikat, Robert Johnson juga menerima penyembuhan yang melintasi ruang dan waktu. Tendon achilesnya pecah karena jatuh. Ia tak dapat berjalan karena rasa sakit yang teramat sangat. Dia diberi tahu bahwa diperlukan operasi untuk menyembuhkannya, tapi ia hanya mengenakan gips, dan Robert sembuh sepenuhnya tanpa operasi hanya dalam waktu sembilan minggu melalui doa yang dipanjatkan baginya di Korea. Ini adalah pekerjaan kuasa Allah yang dimanifestasikan dalam ruang Allah.

Pekerjaan Luar Biasa Rasul Paulus

Dalam Kisah Para Rasul pasal 19, dikatakan bahwa Allah melakukan berbagai mukjizat luar biasa oleh tangah Paulus. Ketika ia memerintahkan dalam nama Yesus Kristus, roh jahat pergi dan terjadi pekerjaan penyembuhan bahkan dengan sapu tangan atau kain yang menyentuh dia. Ia tidak terluka oleh gigitan ular beracun, dan ia juga bernubuat, "Oleh Paulus Allah mengadakan mujizat-mujizat yang luar biasa, bahkan orang membawa saputangan atau kain yang pernah dipakai oleh Paulus dan meletakkannya atas orang-orang sakit, maka lenyaplah penyakit mereka dan keluarlah roh-roh jahat." (Kisah Para Rasul 19:11-12).

Demikianlah juga, pekerjaan penuh kuasa Allah dapat terjadi

melalui benda-benda seperti sapu tangan dalam ruang Allah. Sungguh luar biasa! Ada banyak pekerjaan penyembuhan yang juga terjadi melalui sapu tangan yang saya doakan. Kuasa Allah tak pernah hilang atau menjadi punah terlepas dari berlalunya zaman selama keadilan Allah tidak dilanggar. Karenanya, sapu tangan yang mengandung kuasa Allah adalah sesuatu yang sangat berharga karena bisa membuka ruang Allah terlepas dari waktu dan tempatnya.

Tapi jika mereka digunakan dengan cara yang salah oleh orang yang tidak punya iman, maka tidak akan ada pekerjaan Allah yang akan dimanifestasikan. Tidak hanya orang yang mendoakan dengan sapu tangan itu tetapi juga orang yang didoakan harus memenuhi kualifikasi keadilan Allah. Mereka harus percaya bahwa kuasa Allah sungguh ada di dalamnya. Iman orang yang mendoakan orang sakit dan iman si orang sakit akan diukur dengan akurat, dan pekerjaan Allah akan dimanifestasikan sebanyak iman itu sesuai dengan keadilan Allah.

Yosua Menghentikan Matahari dan Bulan

Alasannya kenapa dimensi yang lebiih tinggi bisa menundukkan dimensi yang lebih rendah adalah kekuatan cahaya dan aliran waktu berbeda. Semakin tinggi dimensinya, maka akan semakin terang cahaya dan semakin cepat aliran waktunya. Cahaya di langit keempat adalah yang paling terang dan kemudian langit ketiga, kedua, dan pertama.

Sehubungan dengan aliran waktu, lebih cepat di langit kedua daripada langit pertama, dan bahkan lebih cepat di langit ketiga. Tetapi di langit keempat, waktu bisa lebih cepat atau lebih lambat. Waktu akan bekerja seperti yang diinginkan Allah dalam hati-Nya. Allah dapat memperpanjangnya, memperlambatnya, atau bahkan menghentikannya.

Karya penciptaan, orang mati kembali hidup, dan penyembuhan ilahi terjadi melintasi ruang dan waktu, semuanya dimungkinkan dengan aliran waktu yang berhenti. Karena itulah peristiwa tertentu dapat terjadi segera setelah diinginkan di dalam hati atau segera setelah perintah diberikan.

Ketika Yosua mengalami pertempuran dengan orang Amori, matahari dan bulan tinggal diam, dan saat itu terjadi 'perpanjangan aliran waktu.' Yosua 10:13 berkata, "Maka berhentilah matahari dan bulanpun tidak bergerak, sampai bangsa itu membalaskan dendamnya kepada musuhnya." Ini terjadi ketika Yosua mengalami pertempuran melawan bangsa Amori selama penaklukan Tanah Kanaan. Apakah faktor-faktor yang dapat mengakibatkan matahari tinggal diam sepanjang hari di langit pertama?

Bumi harus berotasi sekali sehari, dan agar matahari berhenti, maka bumi harus berhenti berotasi. Jika Bumi berhenti berputar bahkan untuk sesaat, dampaknya akan sangat besar bukan hanya bagi bumi sendiri tetapi juga bagi banyak benda langit lainnya. Tapi bagaimana bisa matahari diam sepanjang hari?

Kita dapat menemukan jawabannya dalam ruang Allah. Pada saat itu, Allah menyelubungi bukan hanya Bumi tetapi juga seluruh langit pertama dengan ruang Allah. Dengan demikian, setidaknya pada saat itu, segala sesuatu yang ada di langit pertama diselaraskan dengan aliran waktu di alam rohani. Saat itu terjadi perpanjangan aliran waktu. Matahari tinggal bergerak sepanjang waktu, sehingga banyak orang mungkin merasakan waktu sangat panjang telah berlalu. Tapi sebenarnya, bisa saja peristiwa itu hanya berlangsung satu menit, atau bahkan satu detik.

Pada saat itu, seluruh langit pertama sedang ada dalam aliran waktu alam rohani, sehingga aliran waktu jasmani tidak berlaku sama sekali. Bahkan walaupun hanya bagian tertentu dari langit pertama dan bukan seluruh langit pertama yang diselubungi oleh ruang Allah, tidak akan ada masalah, karena bagian lainnya dari alam jasmani akan masih ada di bawah aliran waktu ruang jasmani.

Elia berlari lebih cepat daripada kereta kuda raja

Di dalam Alkitab, kita bisa melihat peristiwa-peristiwa di mana seseorang ada dalam aliran waktu yang dipersingkat. Itu adalah peristiwa ketika Elia berlari di depan kereta kuda Raja Ahab, yang tertulis dalam 1 Raja-Raja 18. Aliran waktu yang dipersingkat adalah kebalikannya dari waktu yang diperpanjang. Misalkan saja ada orang diselubungi oleh ruang dimensi keempat selama satu jam dalam waktu jasmani. Dalam ruang Allah, Ia daoat mempersingkat ini menjadi satu jam jika ia inginkan. Jika ia mempersingkatnya menjadi 30 menit, itu tidak berarti bahwa waktu yang 30 menit itu hilang. Itu berarti bahwa waktu satu jam dikompresi menjadi 30 menit.

Misalkan, Anda menaruh kain sepanjang 100 meter, dan berlari dari ujung satu ke ujung lainnya, dan itu membutuhkan waktu 20 detik. Kemudian, jika Anda melipat kain itu menjadi dua, berapa lama waktu yang dibutuhkan? Karena panjangnya menjadi 50 meter, makanya waktu yang dibutuhkan menjadi sekitar 10 detik. Jika Anda melipat kembali kain itu, panjangnya akan semakin pendek dan waktu dipersingkat. Tetapi kainnya tidak hilang.

Ini kira-kira mirip dengan memendeknya waktu dalam ruang Allah. Elia berlari dalam kecepatannya sendiri, tetapi ia dapat berlari lebih cepat daripada kereta kuda sang raja karena ia berada dalam aliran waktu yang dipersingkat. Biasanya, pesawat komersial terbang pada kecepatan sekitar 900km, tetapi penumpang di dalam pesawat tidak merasakan kecepatannya.

1 Raja-Raja 18:46 berkata, "Tetapi kuasa TUHAN berlaku atas Elia. Ia mengikat pinggangnya dan berlari mendahului Ahab sampai ke jalan yang menuju Yizreel." Raja Ahab sedang terburu-buru di kereta kudanya untuk menghindari hujan, tetapi Elia berlari lebih cepat daripada kereta kuda ini. Ia dapat berlari lebih cepat daripada kereta kuda, karena ia menggunakan ruang Allah yang tidak memiliki batasan ruang dan waktu. Alkitab berkata bahwa 'tangan TUHAN berlaku atas Elia'. Oleh kuasa Allah, tubuh Elia diselubungi oleh kuasa-Nya dan terjadi sesuatu yang melampui keterbatasan manusia.

Bergerak Melalui Ruang Rohani

Dalam Kisah Para Rasul pasal 8, Filipus menerima bimbingan dari Roh Kudus untuk menemui kasim Etiopia dalam perjalanan ke Yerusalem. Ia mengabarkan injil Yesus Kristus kepada kasim ini dan bahkan membaptisnya. Filipus ada di padang gurun di jalan menuju Gaza, tetapi dalam sesaat ia tiba di Asdod. Sebenarnya itu adalah pergerakan melalui ruang rohani yang serupa dengan 'teleportasi'. „Dan setelah mereka keluar dari air, Roh Tuhan tiba-tiba melarikan Filipus dan sida-sida itu tidak melihatnya lagi. Ia meneruskan perjalanannya dengan sukacita. Tetapi ternyata Filipus ada di Asdod. Ia berjalan melalui daerah itu dan memberitakan Injil di semua kota sampai ia tiba di Kaisarea."

Agar bisa terjadi teleportasi, seseorang harus melalui jalan rohani yang dibentuk oleh ruang Allah. Saat aliran waktu berhenti di jalan rohani itu, seseorang dapat diteleportasi.

Allah membuat jemaat gereja kita mengalami pergerakan semacam ini di ruang rohani secara tidak langsung. Itu terjadi melalui capung. Capung yang ada di wilayah lain datang ke tempat kami berada dan menghilang melalui jalan rohani yang dibentuk oleh ruang Allah.

Serombongan capung muncul di tempat kami sedang melakukan retret musim panas kami, dan mereka memakani nyamuk-nyamuk serta serangga pengganggu lainnya. Pada saat itu, capung-capung dewasa pindah dari satu tempat ke tempat lainnya. Saat itu tahun 2006 ketika perpindahan capung ini pertama kali dimulai. Ini dapat dikategorikan sebagai perpindahan horisontal dan pergerakan vertikal, menurut jenis jalan rohani seperti ini.

Yang lebih luar biasa lagi adalah bahwa ketika jemaat gereja memanggil capung-capung itu, mereka tidak takut kepada manusia melainkan hinggap di ujung jari atau bagian tubuh lainnya para jemaat itu. Capung sangat berguna karena mereka memakan serangga pengganggu di musim panas. Saya ingat di masa kecil saya sangat sulit untuk dapat menangkap seekor capung saja. Mereka akan terbang menjauh jika mereka merasakan sedikit saja kehadiran manusia. Sudah cukup lama di sini sangat sulit untuk melihat seekor saja capung di Seoul, dan penampakan rombongan capung ini sudah pasti merupakan pekerjaan Allah.

Pada tahun berikutnya, 2007, capung mulai muncul kembali

di awal Juli. Capung biasanya muncul dari akhir musim panas sampai musim gugur. Sementara capung yang masih larva lewat melalui jalan rohani tersebut, larva-larva ini tumbuh menjadi capung dewasa. Saat mereka melewati ruang dimensi keempat, pertumbuhan mereka dipercepat. Sehingga, capung-capung itu bisa muncul lebih awal tahun itu daripada biasanya.

Terlebih lagi, pada tahun 2008, bukan hanya pada saat mereka muncul, tetapi juga jumlah capungnya terkendali. Tak terhingga banyaknya rombongan capung mulai turun dari langit mulai minggu pertama bulan Juli. Berbagai kelompok misi berbeda dari gereja kami mengadakan retret musim panas mereka masing-masing di berbagai lokasi berbeda di Korea Selatan, dan semua jemaat gereja menyaksikan capung turun secara vertikal dari sekitar matahari. Capung-capung itu tidak pergi ke tempat lain di sekitar situ. Mereka turun dan tinggal di wilayah tempat mereka turun dan bisa dilihat hinggap di tangan, wajah, atau bahu jemaat gereja.

Tema retret musim panas tahun itu adalah 'Ruang Rohani', dan sukacita para orang percaya sangat besar. Mereka dapat memahami khotbah yang disampaikan karena mengalami contoh nyata dari capung-capung yang bergerak melalui ruang rohani dan datang kepada mereka. Melalui retret ini iman para jemaat gereja meningkat ke tahap yang lebih tinggi. Pekerjaan yang sejenis terjadi di semua gereja cabang tidak hanya di Korea tetapi juga di seluruh dunia.

Peristiwa yang sama terjadi pada musim panas tahun 2009 juga. Masing-masing kelompok misi mengadakan retret mereka masing-masing, dan ada lebih banyak capung yang muncul daripada tahun-tahun sebelumnya. Para orang percaya melihat puluhan ribu capung turun dari sekitar matahari, melalui ruang rohani yang terbuka. Saat mereka turun dari langit, capung-capung ini berkilau dan terlihat seperti butiran salju.

Ketika orang-orang Israel menyeberangi Laut Merah yang terbelah oleh angin kencang, terbentuk jalan rohani di sana bagi mereka. Betapa kuatnya angin itu sehingga dapat membelah laut! Seorang manusia tak akan dapat tetap berdiri dalam angin sekuat itu. Tetapi lebih dari dua juta orang Israel dengan damai berjalan ke tengah angin itu. Ini karena ada jalan rohani yang dibentuk untuk menghalangi angin itu agar tidak mengganggu orang-orang. Lalu, apa yang terjadi ketika mereka menyeberangi Sungai Yordan untuk masuk ke Tanah Kanaan?

Yosua 3:15-16 berkata, "...Segera sesudah para pengangkat tabut itu sampai ke sungai Yordan, dan para imam pengangkat tabut itu mencelupkan kakinya ke dalam air di tepi sungai itu (sungai Yordan itu sebak sampai meluap sepanjang tepinya selama musim menuai), maka berhentilah air itu mengalir. Air yang turun dari hulu melonjak menjadi bendungan, jauh sekali, di dekat Adam, kota yang terletak di sebelah Sartan, sedang air yang turun ke Laut Araba itu, yakni Laut Asin, terputus sama sekali. Lalu menyeberanglah bangsa itu, di tentangan Yerikho."

Dari titik di mana bangsa Israel berada, air yang di hulu melonjak menjadi bendungan dan yang di hilir terus mengalir. Pada saat ini, ruang rohani dibuat dalam bentuk yang mirip dengan bendungan.

Beragam Cara di Mana Jalan Rohani Telah Digunakan

Jika kita dapat menggunakan jalan rohani dengan sangat baik, kita juga dapat mengendalikan kondisi cuaca. Misalnya, anggap saja ada dua area spesifik yang sedang menderita, yang satu kebanjiran dan yang lainnya kekeringan. Kemudian, jika kita memindahkan awan-awan hujan dari wilayah yang kebanjiran ke wilayah yang kering, maka kita dapat menyelesaikan masalah di kedua wilayah.

Curah hujan yang tak terduga di Israel adalah contoh sedemikian. Pada bulan September 2009, saya berdoa untuk suatu hal sementara saya menyiapkan kebaktian penginjilan di Israel. Israel sedang mengalami kesusahan karena kekeringan parah yang telah berlangsung selama lima tahun terakhir. Para pendeta di Israel menerangkan keadaan mereka dan meminta saya untuk mendoakannya.

Jika permintaan itu, yang ada di tingkat kepentingan nasional, akan dijawab, maka harus ada beberapa persyaratan yang harus dipenuhi. Ini adalah harus seorang presiden atau pemimpin yang setara yang mesti meminta doa itu dengan iman, atau sebagian besar rakyat harus meminta doa itu dengan iman. Tetapi karena merasa sangat kasihan akan keadaan mereka, saya berdoa saja pada hari pertama dan kedua kebaktian penginjilan itu agar turun hujan di Israel untuk meredakan kekeringan mereka.

Bagaimana hasilnya? Israel memiliki perbedaan yang sangat jelas antara musim hujan dan musim kemarau. September adalah musim kemarau dan sangat jarang turun hujan di bulan September. Kadang-kadang akan mulai turun sedikit hujan pada awal atau akhir Oktober, dan musim hujan sebenarnya mulai dari Desember sampai Februari tahun mendatagnya. Juga, akibat kemarau yang berkepanjangan, batas air Danau Galilea mencapai di bawah garis merah, yaitu 208 meter. Ini adalah batas yang lebih rendah di mana air tak bisa lagi diambil dari Laut.

Tetapi satu hari setelah kebaktian penginjilan berakhir,

bagian utara Israel mengalami hujan. Pada 13 September, hari Minggu, mereka mengalami turun hujan yang cukup banyak di Yerusalem dan juga Tel Aviv. Para pendeta Israel bersukacita dan memberi kemuliaan bagi Allah dengan mengatakan bahwa mereka mengalami hujan berkat doa saya. Tetapi itu belum selesai. Mereka mengalami hujan lagi minggu berikutnya, dan Departemen Sumberdaya Air Israel mengatakan bahwa jumlah curah hujan dalam dua hari saja sama dengan rata-rata curah hujan untuk bulan September dan Oktober digabung. Ini bukanlah hal yang mustahil menurut keadilan Allah, tetapi Allah mendengar doa itu dan melampaui keadilan Ia mengizinkan mereka memperoleh hujan.

Ada sangat banyak juga topan dan badai yang membawa bencana di seluruh dunia. Jika kita bisa memindahkan arah topan atau badai ke wilayah yang tak berpenghuni, maka tak akan ada masalah apa pun.

Dua topan mendekati Filipina ketika saya pergi ke sana untuk kebaktian penginjilan di tahun 2001. Topan "Nari" ke-16 dan topanth"Lekima" ke-19 sedang mendekati Filipina dengan angin berkekuatan badai yang kuat. Jika topan terjadi menurut jalur yang diramalkan sebelumnya, maka kami tak akan dapat mengadakan kebaktian penginjilan. Pada konferensi pers di sana, para reporter menanyakan kepada saya apakah kebaktian penginjilan akan mungkin diadakan karena topan-topan itu.

Pada saat itu saya berkata, „Topan-topan itu akan padam atau mengubah arahnya. Tidak akan ada topan apa atau hujan apa pun selama kebaktian penginjilan, jadi tolong usahakan datang." Topan Nari padam tepat sebelum kebaktian, dan Lekima tiba-tiba berubah arah, dengan melewatkan Filipina. Kami dapat mengadakan kebaktian tanpa ada masalah.

Kita dapat menghentikan bukan saja topan melainkan juga bencana-bencana alam lainnya seperti letusan gunung berapi atau gempa bumi jika kita menggunakan ruang rohani. Kita bisa hanya menutup sumber letusan gunung berapi atau gempa bumi itu dengan ruang Allah, dan semuanya dapat menjadi mungkin ketika itu benar menurut keadilan Allah. Misalnya, untuk menghentikan bencana yang mengakibatkan kerusakan di taraf nasional, maka pemimpin negara itu harus meminta doa. Juga, bahkan jika ruang rohani dibuka, keadilan langit pertama tak dapat diabaikan sepenuhnya. Pekerjaan ruang rohani akan dibatasi sampai di mana tidak ada kebingungan di langit pertama setelah ruang rohani diangkat. Allah memerintah semua langit dengan kemahakuasaan-Nya, dan Ia adalah Allah kasih dan adil.

Kasih yang Melampaui Keadilan

Dalam Kejadian pasal 18, kita dapat membaca bahwa Allah memberitahukan sebelumnya kepada Abraham apa yang akan terjadi di Sodom dan Gomora. "Sesudah itu berfirmanlah TUHAN, ':"Sesungguhnya banyak keluh kesah orang tentang Sodom dan Gomora dan sesungguhnya sangat berat dosanya. Baiklah Aku turun untuk melihat, apakah benar-benar mereka telah berkelakuan seperti keluh kesah orang yang telah sampai kepada-Ku atau tidak; Aku hendak mengetahuinya." (Kejadian 18:20-21).

Sodom dan Gomora harus dihukum karena dosa-dosa mereka menurut aturan keadilan, tetapi Allah memberi tahu Adam tentang hal ini terlebih dulu, karena keponakannya tinggal di sana. Inilah hati Allah yang ingin memberi mereka kesempatan lain. Inilah kasih dan keadilan Allah.

Lalu, Abraham meminta kepada Allah lima kali untuk menyelamatkan Sodom. Pertama kali, ia meminta Allah agar tidak memusnahkannya jika ada 50 orang benar, dan kemudian 45, lalu 40, 30, 20, dan akhirnya angka itu berkurang sampai hanya 10. "Lalu katanya,'Janganlah kiranya Tuhan murka, kalau aku berkata lagi sekali ini saja. Sekiranya sepuluh didapati di sana?' Dan firman-Nya, '„Aku tidak akan memusnahkannya karena yang sepuluh itu." (Kejadian 18:32).

Sebagai seorang makhluk ciptaan semata Abraham dapat meminta kepada Allah dengan sedemikian berani. Ini menunjukkan kepada kita ia memiiki hati Tuhan dan menjadi satu dengan Allah. Ia meminta dengan kasih tulus untuk menggerakkan hati Allah dan menyelamatkan orang-orang, dan Allah tersentuh oleh kasihnya dan berjanji untuk melakukan apa yang diminta Abraham.

Allah bekerja dengan kasih dalam batasan keadilan. Jadi, ia ingin menunjukkan belas kasihan dan kemurahan bahkan di saat Ia sedang menghukum Sodom dan Gomora, dan Ia memberi kesempatan lain dengan kasih yang melampaui keadilan melalui doa orang benar, Abraham.

Sodom dan Gomora akhirnya dihukum karena mereka bahkan tidak memiliki 10 orang benar di antara mereka, tetapo keponakan Abraham, Lot dan keluarganya diselamatkan. Itu karena Lot berada dalam ruang Abraham, yang teramat sangat dikasihi oleh Allah. Dengan kata lain, karena Allah sangat mengasihi Abraham, Allah menyelubungi Lot dan keluarganya dengan ruang rohani dengan memikirkan Abraham.

Seperti yang dijelaskan tadi, segalanya dapat dikendalikan

dalam kasih dan keadilan Allah di ruang Allah. Kasih membatalkan keadilan tanpa melanggarnya. Untuk membuat hal-hal demikian terjadi, seseorang harus mengusahakan hati yang sesuai dengan keadilan langit keempat. Yaitu, ketika seseorang telah mengusahakan hati yang menjadi satu dengan hati Allah, ia dapat menunjukkan pekerjaan Allah yang melampaui keadilan tanpa melanggar keadilan langit keempat.

Masalahnya adalah bagaimana seseorang dapat mengusahakan hati Allah. Sampai ini dilakukan, hanya dengan iman dan kasih seseorang harus mengatasi pencobaan yang luar biasa yang tak terbayangkan oleh manusia. Ia harus membayar harga menurut keadilan Allah, dengan melalui setiap tahap dalam pencobaan, sampai ia dapat menggunakan ruang Allah setelah mempelajari keadilan langit keempat.

Abraham juga mengalami banyak ujian dan pencobaan sampai ia disebut sebagai 'sahabat Allah'. Ketika ia berumur 75 tahun, Allah mengatakan kepadanya bahwa bangsa yang besar akan terbentuk melalui keturunannya, tetapi selama lebih dari 20 tahun ia tidak memperoleh anak. Tetapi ketika ia berumur 99 tahun, ketika Sarah berusia 89 dan tidak dapat melahirkan anak, Allah akhirnya memberi tahu Abraham bahwa ia akan memiliki anak laki-laki di tahun berikutnya.

Ini sama sekali mustahil menurut pengetahuan manusia, tetapi Abraham menaruh kepercayaannya kepada Allah dan tak pernah ragu. Allah mengakui imannya ini sebagai kesalehan, dan saat ia percaya ia memperoleh Ishak. Tetapi ketika Ishak tumbuh besar dan sangat tampan, Allah menyuruh Abraham untuk mengorbankan Ishak sebagai korban bakaran. Abraham percaya bahwa Allah akan membangkitkan Ishak walaupun ia memberikan anaknya itu sebagai korban bakaran kepada Allah, karena Allah sudah mengatakan kepadanya bahwa akan ada banyak keturunan yang datang melalui Ishak. Ia dapat memberikan anaknya yang tunggal, Ishak, tanpa keraguan karena ia sungguh takut akan Allah.

Setelah Abraham lulus semua ujian dan pencobaan, Allah menyebutnya 'sahabat Allah' dan menetapkan dia sebagai 'bapa orang beriman.' Setelah ujian terakhir yaitu memberikan anak tunggalnya, Ishak, sebagai korban bakaran, ia menerima semua berkat yang dapat diterima seorang manusia, seperti berkat keturunan, kesehatan, kekayaan, dan umur panjang.

Allah sedang mencari anak-anak sejati yang dapat menerima berkat dan membawa tak terhitung banyaknya jiwa-jiwa ke jalan keselamatan melalui doa penuh iman dan kasih seperti Abraham. Allah menunjukkan kepada kita karya penciptaan, mengendalikan kehidupan dan kematian, serta pekerjaan yang melintasi ruang dan waktu karena Ia menginginkan anak-anak sejati yang memiliki hati Allah.

Kejadian 18:17-19 berkata, Berpikirlah TUHAN, 'SBerpikirlah TUHAN: „Apakah Aku akan menyembunyikan kepada Abraham apa yang hendak Kulakukan ini? Bukankah sesungguhnya Abraham akan menjadi bangsa yang besar serta berkuasa, dan oleh dia segala bangsa di atas bumi akan mendapat berkat? 'Sebab Aku telah memilih dia, supaya diperintahkannya kepada anak-anaknya dan kepada keturunannya supaya tetap hidup menurut jalan yang ditunjukkan TUHAN, dengan melakukan kebenaran dan keadilan, dan supaya TUHAN memenuhi kepada Abraham apa yang dijanjikan-Nya kepadanya."

Jika saja kita dapat memahami prinsip dasar ruang Allah yang diterangkan sampai titik ini, kita dapat memahami banyak peristiwa di dalam Alkitab secara lebih mendalam, dan kita juga dapat mengalaminya dalam hidup kita. Kita dapat mengalami jauh melampaui keterbatasan manusia jika kita menjadi anak-anak sejati Allah dengan percaya kepada Allah dan memulihkan gambar-Nya yang hilang. Karena alasan inilah Tuhan Yesus yang dibangkitkan memberi kita kata-kata terakhir sebelum ia naik ke Surga. "...Tetapi kamu akan menerima kuasa, kalau Roh Kudus turun ke atas kamu, dan kamu akan menjadi saksi-Ku di Yerusalem dan di seluruh Yudea dan Samaria dan sampai ke ujung bumi" (Kisah Para Rasul 1:8).

Apakah jalan pintas untuk menerima kuasa Allah dan menjadi saksi Tuhan? Ini adalah untuk menguduskan hati kita, dan berdoa sungguh-sungguh untuk menjadi manusia roh sepenuhnya, sehingga kita akan dapat menggunakan ruang Allah sepenuhnya. Terlebih lagi, kita harus bergumul untuk mengusahakan keadilan dan kasih Allah sepenuhnya untuk dapat mewarisi tempat tinggal surgawi paling indah Yerusalem Baru dan bahkan ruang Allah.

Bab 2

Gambar Allah

Seseorang dapat memulihkan gambar Allah begitu ia menjadi seorang anak sejati Allah yang memiliki hati Allah. Tapi itu tidak berarti ia dapat menjadi sperti Allah Sendiri. Allah dapat hanya sebagai cahaya saja tanpa memiliki wujud, atau Ia dapat mengenakan suatu wujud tertentu.

Penampilan seperti apakah yang Allah miliki? Seberapa besarkah Ia?

Sebagai orang yang telah menerima Yesus Kristus dan mengenal lebih banyak tentang Allah, ia harus menjadi ingin tahu tentang gambaran Allah dan juga kerajaan surga. Ketika anak-anak dipisahkan dari orangtua mereka untuk waktu yang lama mereka akan merindukan orangtuanya dan menghargainya. Sama halnya dengan kita yang mencari Allah dan merindukannya jauh di dalam diri kita.

Matius 5:8 berkata, "Berbahagialah orang yang suci hatinya, karena mereka akan melihat Allah." 'Untuk menjadi orang yang murni hatinya berarti 'tidak menetapkan pikirannya pada hal-hal yang sia-sia melainkan menjadi murni dan bersih dalam kebenaran.' Ini adalah hati yang tanpa cela dan tanpa bersih dan dengannya kita tidak memikirkan segala kejahatan atau kekasaran. Dikatakan bahwa orang yang murni hatinya akan melihat Allah, apa artinya ini? Itu bukan berarti bahwa mereka akan melihat bentuk entitas Allah itu sendiri. Artinya adalah bahwa mereka akan mengalami Allah dengan menerima segala yang mereka minta kepada Allah.

Tetapi itu bukan berarti bahwa manusia tak akan pernah dapat melihat gambaran Allah sama sekali. Itu hanya berarti bahwa mereka tak dapat melihat wajah Allah secara langsung (Keluaran 33:20). Allah adalah roh, sehingga kita tak bisa mengetahui gambaran Allah sepenuhnya karena kita kan dapat melihat Allah secara langsung. Tetapi Allah mengatakan bahwa kita diciptakan menurut gambar-Nya, sehingga kita dapat saja menganggap bahwa Allah dan kita memiliki kesamaan dalam penampilan kita. Kita dapat membayangkan seperti apa kemungkinan penampilan Allah dari Alkitab, yang merupakan wahyu tentang Allah.

Allah Membuat Bentuk untuk Pengusahaan Manusia

Kita temukan dalam Keluaran 3:14 God Allah menerangkan Diri-Nya sebagai "AKU ADALAH AKU" Ia adalah makhluk sempurna yang ada oleh Diri-Nya Sendiri sebelum kekekalan. Manusia memiliki pengetahuan yang terbatas, shingga kita menganggap pasti ada awal untuk segala sesuatu. Itulah sebabnya Allah menggunakan kata 'permulaan' tapi itu hanya untuk pemahaman kita.

Yohanes 1:1 berkata, "Pada mulanya adalah Firman, Firman itu bersama-sama dengan Allah dan Firman itu adalah Allah". Dan Kejadian 1:1 berkata, "Pada mulanya Allah menciptakan langit dan bumi."

Allah menciptakan manusia ketika Ia sedang menciptakan langit dan bumi, dan segala isinya, dan dengan demikian, 'permulaan' di dalam kitab Kejadian menetapkan hubungan dengan manusia. Di sisi lain, permulaan yang disebutkan dalam Yohanes pasal 1 adalah titik waktu yang jauh sebelum masa penciptaan. Terlebih lagi, ini tidak ada hubunganya dengan manusia.

Pada permulaan waktu Allah ada di ruang yang merupakan alam rohani, yang tidak kasat mata. Allah ada sebagai cahaya yang indah dan cemerlang serta memerintah atas segala sesuatu melayang-layang di seluruh bagian alam semesta. Allah memiliki kemanusiaan dan juga keilahian, dan karena alasan ini Ia merencanakan pengusahaan manusia untuk memperoleh anak-

anak sejati dan mulai ada sebagai Tritunggal: Bapa, Putra, dan Roh Kudus.

Itulah saat di mana Allah mulai memiliki suatu gambaran. Kejadian 1:26 berkata, „Berfirmanlah Allah, ',Baiklah kita menjadikan manusia menurut gambar dan rupa kita...'"

Tentu saja ini bukanlah bentuk jasmani seperti manusia. Ini adalah gambaran rohani untuk mewujudkan Allah yang merupakan roh. Malaikat, tentara surgawi, atau kerubin semuanya adalah makhluk rohani, tetapi mereka juga memiliki bentuknya masing-masing. Allah di permulaan waktu tidak memiliki bentuk khusus, tetapi pada satu titik Ia kemudian memiliki bentuk khusus.

Allah Tritunggal membuat suatu bentuk bagi kita manusia, dan ketika Allah menciptakan Bumi, yang merupakan panggung untuk pengusahaan manusia, Ia turun ke Bumi ini. Ia mencari apa yang akan dibutuhkan Bumi di masa depan dan bagaimana Ia akan membuat hal-hal itu. Kemudian Ia mulai penciptaan benda-benda yang sesungguhnya.

Manusia Diciptakan Menurut Gambaran Allah

Allah Tritunggal menciptakan manusia dalam gambar-Nya pada hari ketiga Penciptaan. Ini bukan berarti hanya penampilan luar manusia yang mengikuti gambar Allah. Ini juga berarti hati kita diciptakan menurut hati Allah.

Tetapi sejak ketidaktaatan Adam, manusia kehilangan gambar mula-mula yang mereka terima ketika mereka diciptakan, dan mereka semakin ternodai oleh dosa. Adam kehilangan gambar Allah bukan berarti gambar luarnya menghilang, tetapi itu berarti bahwa ia kehilangan sifat alami Allah, yang merupakan wewangian kudus. Manusia terdiri atas roh, jiwa, dan tubuh, tetapi sebagai akibat dosa, roh semua manusia menjadi 'mati.'

Mulai saat itu, mereka menjadi tidak ada ubahnya dari binatang yang diciptakan hanya dengan jiwa dan tubuh.

Tapi ketika waktunya tiba, Allah mengirim Yesus ke dunia ini untuk membuka jalan keslamatan sehingga setiap orang dapat diselamatkan. Kepada siapa saja yang menerima Yesus Kristus, Allah memberi kepadanya Roh Kudus sebagai karunia. Kemudian, rohnya yang mati akan dibangkitkan, dan ia dapat mulai memulihkan gambar Allah yang hilang. Allah yang kudus ingin agar anak-anak-NYa memiliki kekudusan juga di dalam mereka. Karena itulah Ia mendorong kita, dengan mengatakan, "Jadilah kudus, karena Aku kudus" (1 Petrus 1:16).

Allah tidak melihat penampilan melainkan hati masing-masing orang. Kita dapat menjadi anak-anak sejati Allah jika kita bergumul melawan dosa dan membuangnya sampai titik meneteskan darah dan membuang segala bentuk kejahatan. Kita dapat memulihkan gambar Allah yang hilang dan mengeluarkan cahaya yang kuat dari bentuk rohani kita sampai sejauh mana kita menyerupai Allah yang merupakan Terang.

1 Yohanes 5:18 mengatakan, "Kita tahu, bahwa setiap orang yang lahir dari Allah, tidak berbuat dosa; tetapi dia yang lahir dari Allah melindunginya, dan si jahat tidak dapat menjamahnya". Allah melindungi orang-orang yang hidup menurut Firman Allah dan tidak melakukan dosa. Karena cahaya mereka yang terang, setan dan Iblis bahkan tidak dapat mendekati mereka.

Tujuan Allah menciptakan dunia dan manusia adalah untuk memperoleh anak-anak sejati yang memiliki gambar Allah. Tetapi hampir semua orang sejak masa penciptaan tidak mengusahakan atau belum mengusahakan gambar Allah. Tidak terhitung banyaknya manusia yang dilahirkan sejak Adam, tetapi hanya segelintir saja yang sungguh-sungguh mengusahakan jenis hati yang Allah ingin agar mereka miliki. Orang-orang yang demikian berjalan bersama Allah dan mengungkapkan kemuliaan-Nya dalam hidup mereka. Mereka melakukan pekerjaan-pekerjaan penuh kuasa yang melampaui imajinasi manusia. Elia menurunkan api dari Surga; Abraham secara virtual mempersembahkan putra tunggalnya, Ishak sebagai korban persembahan; rasul Paulus setia dengan segenap hidup dan kasihnya. Ketika Allah melihat orang-orang seperti ini, Ia sangat bersukacita.

Sebaliknya, bahkan di antara orang-orang yang dipakai untuk kerajaan Allah, ada orang yang sesungguhnya tak dapat dianggap sebagai 'hamba Allah sejati.' Misalnya, dalam hal Elisa, ia mempelajari semuanya dari Elia dan menerima dua bagian roh Elia. Tetapi hatinya tidak sesempurna hati Elia (2 Raja-Raja 2:24). Ketika anak-anak mengikuti dan mengejeknya dengan kasar, ia akhirnya mengutuk mereka. Dua beruang betina keluar dan mencabik-cabik ke-42 anak itu.

Lot juga melihat kebaikan pada Abraham, namun ia tak dapat mengusahakan hati kebaikan Abraham. Ia menerima berkat materi karena Abraham dan dalam keadaan berbagaya hidupnya diselamatkan oleh Abraham. Namun, ia tidak dapat mengusahakan hati yang sempurna.

Tentu saja, Elisa melakukan banyak perbuatan ajaib dan orang-orang menyebutnya sebagai hamba Allah. Tetapi hanya saja orang-orang menghormati dia sebagai seorang nabi. Seorang hamba Allah sejati bukan hanya orang yang dapat dipakai oleh Allah untuk melayani tujuan Allah pada saat itu. Orang yang telah memulihkan gambar Allah yang memiliki hati yang kudus dan murni yang bebas dari noda atau kotoran.

Kita Tak Dapat Melihat Wajah Allah Secara Langsung

Sejak kejatuhan Adam, tak seorang pun yang ada di langit

pertama dapat melihat secara langsung wajah Allah merupakan Terang itu sendiri. Allah adalah roh dan kita tak dapat melihat Dia dengan mata jasmani. Terlebih lagi, Keluaran 33:20 berkata, "Engkau tidak tahan memandang wajah-Ku, sebab tidak ada orang yang memandang Aku dapat hidup.!"

Elisa diangkat ke Surga tanpa melihat kematian, dan tetap saja ia tak dapat melihat Allah secara langsung. 1 Raja-Raja 19:12-13 berkata, "Dan sesudah gempa itu datanglah api. Tetapi tidak ada TUHAN dalam api itu. Dan sesudah api itu datanglah bunyi angin sepoi-sepoi basa. Segera sesudah Elia mendengarnya, ia menyelubungi mukanya dengan jubahnya, lalu pergi ke luar dan berdiri di pintu gua itu. Maka datanglah suara kepadanya yang berbunyi, 'Apakah kerjamu di sini, hai Elia?'" Elia menutupi wajahnya dengan jubahnya hanya dengan mendengar sekilas suara Allah.

Judges 13:22 also says, "Berkatalah Manoah kepada isterinya, 'Kita pasti mati sebab kita telah melihat Allah.'" Manoah adalah ayah dari Simson. Yesaya juga berkata,"Celakalah aku! aku binasa! Sebab aku ini seorang yang najis bibir, dan aku tinggal di tengah-tengah bangsa yang najis bibir, namun mataku telah melihat Sang Raja, yakni TUHAN semesta alam." (Yesaya 6:5).

Orang-orang mati bahkan ketika mereka melanggar tempat atau benda yang dikuduskan bagi Allah. Itulah yan terjadi dengan orang-orang di Betsyema yang dibunuh karena mereka telah melongok masuk ke dalam tabut TUHAN (1 Samuel 6:19).

Karena manusia mati jika mereka melihat wajah Allah secara langsung, Allah telah mengungkapkan Diri-Nya secara tidak langsung. Ia menunjukkan Diri-Nya dalam api di semak-semak, atau tiang api, atau di awan. Kadang-kadang ia menunjukkan Diri-Nya dalam mukjizat seperti terbelahnya Laut Merah dan menghentikan matahari dan bulan; atau melalui tanda-tanda seperti orang lumpuh yang berdiri, orang buta jadi bisa melihat, orang tulis jadi bisa mendengar, orang bisu jadi bisa berbicara, atau orang mati yang dibangkitkan.

Allah juga menunjukkan gambaran-Nya melalui Tuhan Yesus seperti dikatakan dalam Kolose 1:15 "Ia adalah gambar Allah yang tidak kelihatan, yang sulung, lebih utama dari segala yang diciptakan." Yohanes 1:18 berkata, "Tidak seorangpun yang pernah melihat Allah; tetapi Anak Tunggal Allah, yang ada di pangkuan Bapa, Dialah yang menyatakan-Nya." dan dalam Yohanes 14:9 Yesus berkata "Barangsiapa telah melihat Aku, ia telah melihat Bapa; bagaimana engkau berkata, 'Tunjukkanlah Bapa itu kepada kami.'?"

Kini, banyak orang mengatakan bahwa mereka percaya kepada Allah tapi mereka tidak sungguh-sungguh tahu siapa Dia, dan mereka tidak mengerti hati dan kehendak-Nya. Mereka membayangkan bahwa Allah seperti berada dalam konseptualisasi mereka sendiri. Ini seperti katak yang hidup di sumur menganggap bahwa langit yang kecil dan bulat itu yang dilihatnya adalah seluruh langit. Demikian juga, orang-orang itu tak dapat berbagi kasih dengan Allah Bapa, dan terlebih lagi, ketika mereka melihat orang-orang yang dikasihi oleh Allah, mereka akan menganggapnya aneh.

Yesus Menunjukkan Gambaran Allah

Mengapa Yesus berkata dalam Yohanes 14:9, "Barangsiapa melihat Aku, ia telah melihat Bapa"? Yesus ada dalam Allah Bapa, da Allah ada dalam Yesus, dan dengan demikian Mereka adalah sepenuhnya satu. Karena alasan inilah, kata-kata yang Yesus ucapkan bukan perkataan-Nya sendiri melainkan diberikan oleh Allah Bapa.

Dalam Yohanes 12:49-50, Ia berkata "Sebab Aku berkata-kata bukan dari diri-Ku sendiri, tetapi Bapa, yang mengutus Aku,

Dialah yang memerintahkan Aku untuk mengatakan apa yang harus Aku katakan dan Aku sampaikan. 'Dan Aku tahu, bahwa perintah-Nya itu adalah hidup yang kekal. Jadi apa yang Aku katakan, Aku menyampaikannya sebagaimana yang difirmankan oleh Bapa kepada-Ku."'" dan dalam Matius 15:30-31, "Kemudian orang banyak berbondong-bondong datang kepada-Nya membawa orang lumpuh, orang timpang, orang buta, orang bisu dan banyak lagi yang lain, lalu meletakkan mereka pada kaki Yesus dan Ia menyembuhkan mereka semuanya. Maka takjublah orang banyak itu melihat orang bisu berkata-kata, orang timpang sembuh, orang lumpuh berjalan, orang buta melihat, dan mereka memuliakan Allah Israel."

Ketika Yesus bersaksi kepada Bapa dengan perkataan, Allah menunjukkan bahwa Ia mahakuasa melalui berbagai tanda, mukjizat, dan perkara ajaib yang luar biasa. Orang-orang yang percaya dan mengikuti Yesus dapat melihatb kuasa Allah dan memberikan kemuliaan bagi Allah. Tetapi mereka yang tidak percaya kepada Yesus meninggalkan Dia dan tercerai berai. Mereka tidak percaya kepada Yesus bahkan walaupun mereka telah menyaksiakn pekerjaan-pekerjaan Allah yang luar biasa, hanya karena hal-hal itu tidak sesuai dengan teori dan pengetahuan mereka sendiri.

Yesus dengan sukarela mengambil jalan penderitaan ke salib untuk memenuhi pemeliharaan keselamatan karena Ia sepenuhnya satu dengan Allah Bapa. Ia telah memiliki satu hati dengan Allah yang ingin menyelamatkan umat manusia, para pendosa itu, walaupun jalannya adalah jalan penderitaan. Ia telah memiliki kehendak yang sama dengan Allah yaitu bahwa Ia Sendiri harus menjadi korban tebusan. Karena ini, Yesus mengambil jalan salin tanpa keraguan apa pun walau jalan ini sangat sempit dan sulit untuk dipahami dalam cara berpikir manusia.

Mengapa kita tidak boleh membuat gambar Allah?

Dalam Keluaran pasal 3, Allah memanggil Musa dari api di semak-semak di Gunung Horeb. Ia menyuruh Musa untuk memimpin bangsa Israel yang sedang menderita di Mesir ke tanah perjanjian Kanaan. Apa alasannya mengapa Allah tampil dalam api di semak-semak?

Sudah pasti, ketika semak-semak terkena api akan terbakar. Ini adalah sesuatu yang di luar normal bahwa semak-semak tidak terbakar oleh api namun apinya juga tidak menghilang. Allah bermaksud membuat Musa melihat bahwa ada dunia rohani yang tidak dapat binasa.

Juga, semak-semak telah dianggap sebagai lambang suatu 'kutuk' dan dengan demikian, utusan Allah yang menampakkan diri dalam api di semak-semak berarti bahwa Allah adalah yang mengontrol bahkan semak-semak yang dikutuk. Ini sebaliknya melambangkan dalam makna rohani bahwa setan dan Iblis ada di bahwa kendali Allah. Musa menjadi orang yang memenuhi syarat dalam pandangan Allah melalui 40 tahun pencobaan, dan akhirnya Allah memanggil dia untuk menjadikannya pemimpin bangsa Israel.

Tapi kemudian, ketika Allah menunjukkan Diri-Nya kepada orang-orang Israel dalam bentuk api di Gunung Horeb, mereka hanya mendengar suara-Nya namun tidak melihat bentuk apa pun. Kembali, Allah mengingatkan mereka akan kenyataan ini kemudian dan secara ketat melarang mereka untuk membuata gambar apa pun. „Hati-hatilah sekali, sebab kamu tidak melihat sesuatu rupa pada hari TUHAN berfirman kepadamu di Horeb dari tengah-tengah api, supaya jangan kamu berlaku busuk dengan membuat bagimu patung yang menyerupai berhala apapun: yang berbentuk laki-laki atau perempuan, yang berbentuk binatang yang di bumi, atau berbentuk burung bersayap yang terbang di udara, atau berbentuk binatang yang merayap di muka bumi, atau berbentuk ikan yang ada di dalam air di bawah bumi. dan juga supaya jangan engkau mengarahkan matamu ke langit, sehingga apabila engkau melihat matahari, bulan dan bintang, segenap tentara langit, engkau disesatkan untuk sujud menyembah dan beribadah kepada sekaliannya itu, yang justru diberikan TUHAN, Allahmu, kepada segala bangsa di seluruh kolong langit sebagai bagian mereka," (Ulangan 4:15-19).

Apa sebabnya Allah berkata demikian? Manusia diciptakan dengan bentuk yang tetap, dan dengan demikia mereka cenderung membuat bentuk Allah juga. Allah kuatir bahwa jika mereka melakukannya, mereka akan membatasi kodrat Allah dalam kerangka gambar yang sudah ditetapkan. Jika mereka membuat gambar Allah, itu tidak akan membantu mereka memahami Dia dengan lebih baik, tetapi sebaliknya akan membuat mereka tak dapat melihat gambar sejati Allah dengan ditipu oleh 'gambaran palsu itu. Sebaliknya, ini dapat membawa mereka ke penyembahan berhala, yang merupakan salah satu hal yang paling dibenci Allah.

Allah adalah roh, dan bagaimana kita dapat membuat gambar-Nya dan mengungkapkan Dia? Jadi, ketika Musa meminta Allah untuk menunjukkan Diri kepadanya, Allah berjanji untuk menunjukkan semua gambar kebaikan daripada gambar material yang aktual.

Sama seperti air membeku jadi es, atau mendidih dan menjadi uap, Allah dapat menunjukkan Diri-Nya dalam berbagai bentuk karena memiliki sifat alami satu. Dengan begini Ia membantu manusia untuk memahami Dia dengan lebih baik, karena Ia adalah roh dan manusia memiliki keterbatasan jasmani mereka.

Ukuran dari Rupa Allah

Banyak bagian Alkitab mengungkapkan bagian tubuh Allah seperti, 'Mata-Mu' (1 Raja-Raja 8:29), 'telinga' (Nehemia 1:6), and 'tangan' (Yesaya 65:2). Apakah ungkapan-ungkapan ini hanya memiliki makna simbolis? Bukan begitu.

Allah tidak hadir sebagai ruang kosong tanpa rupa. Ia memiliki bentuk khusus yang berarti ia jelas merupakan suatu substansi. Tetapi Ia berbeda dari manusia dalam pengertian Allah memiliki rupa roh itu sendiri tanpa ada tubuh jasmani sementara manusia memiliki roh, jiwa, dan tubuh. Allah ada dalam rupa cahaya cemerlang, dan kita tak dapat melihat-Nya secara langsung. Terlebih lagi, Ia pada dasarnya berbeda dari manusia dalam pengertian bahwa Adam terlebih dulu memiliki rupa, dan kemudian diisi dengan kebenaran, sementara Allah adalah kebenaran itu sendiri dan barulah kemudian Ia memiliki rupa.

Ada orang yang menganggap Allah ada dalam tubuh yang sangat besar karena Ia adalah sang Pencipta yang menciptakan segala sesuatu di dalam semesta dan memerintah atasnya. Tentu saja, Ia memiliki wujud yang besar, tetapi Ia dapat mengubah wujud-Nya dengan bebas. Karenanya, kita tak dapat memahami bagaimana wujud Allah jika kita berpikir dengan pemikiran manusia.

Bahkan setelah kita masuk ke Surga, kita memiliki perbedaan mendasar dari Allah. Manusia akan memiliki tubuh rohani yang melalui pengusahaan manusia dalam tubuh jasmani di dunia ini. Namun, Allah bisa memiliki wujud apa pun atau keluar dari wujud sekarang Tetapi manusia akan terkurung dalam bentuk tertentu yang tak akan berubah selamanya di Surga. Ini seperti kita dapat membuat apa bentuk pun dari plaster, tetapi begitu kita selesai membuat bentuk tertentu kita tak dapat mengembalikannya ke bahannya semula.

Allah bisa ada hanya sebagai cahaya tanpa memiliki rupa, atau Ia juga dapat memiliki rupa. Di langit keempat, Allah biasanya tidak memiliki rupa dan Ia hanya ada sebagai terang dan suara.

Tetapi ia mengenakan suatu rupa ketika Ia beserta nabi-nabi atau ketika Ia turun ke langit ketiga, yaitu kerajaan surga. Ia mengenakan rupa ketika Ia berada di tempat di mana Ia harus memiliki wujud, dan Ia tak memiliki rupa saat Ia tidak perlu memilikinya. Ia bahkan dapat dengan leluasa mengendalikan ukuran wujud-Nya.

Misalnya, di langit keempat sebuah substansi tidak tetap jadi padat, cair, atau gas. Substansi yang sama dapat mengubah bentuknya semudah yang diinginkan Allah dalam hati-Nya. Jadi, Allah mula-mula ada sebagai cahaya dan suara yang tidak memiliki wujud, tetapi ketika Ia turun ke Langit Ketiga Ia dapat memiliki suatu bentuk spesifik.

Manusia pertama, Adam diventuk menurut gambar Allah, gambar Allah di langit ketiga, yang juga merupakan gambar yang akan kita lihat ketika kita masuk ke Surga. Tapi bahkan walaupun Ia memiliki wujud yang sama, Ia akan terlihat berbeda saat Ia berada di langit keempat dan ketika berada di langit ketiga. Ini karena terang, kemuliaan, keagungan, dan segala sesuatunya terlihat berbeda menurut dimensi berbeda.

Misalnya, bahkan potongan kristal yang sama akan terlihat berbeda menurut jenis cahaya dan tempat kristal ditaruh. Demikian juga, kemuliaan dan bentuk mula-mula Allah di langit keempat terlihat berbeda di langit yang memilikidimensi lebih rendah. Bahkan di dalam alam rohani yang sama, wujud terlihat berbeda menurut dimensi yang berbeda, dan perbedaan itu akan sangat lebih besar jika Allah turun ke langit pertama, ruang jasmani.

Terlebih lagi, melihat Allah dari dunia jasmani ini melalui jalan terbuka ke alam rohani dan melihat Allah yang turun ke bumi ini dengan mengenakan ruang jasmani terbatas, sama sekali berbeda. Para nabi atau malaikat tak dapat mengenakan ruang jasmani, sehingga walaupun mereka muncul di ruang jasmani, mereka masih di dalam ruang roh. Tetapi Allah dapat mengenakan ruang apa saja yang Ia inginkan di dalam hati-Nya karena Ia dalah sang Pencipta yang menciptakan segala macam ruang. Ia dapat muncul di ruang jasmani walaupun berada di ruang rohani, dan Ia juga dapat muncul dalam bentuk jasmani, yang dapat dilihat oleh manusia.

Allag Tampak melalui jalan-jalan rohani

Kita dapat menemukan banyak tulisan di Alkitab tentang Allah sendiri yang turun ke bumi ini dalam proses pengusahaan manusia. Bagaimana Allah turun ke bumi ini?

Seperti tertulis dalam Kejadian 11:5, "The LORD came down to see the city and the tower which the sons of men had built," God Himself came down to this earth to see what people were doing. Dan Ia turun untuk melihat Musa seperti yang tertulis dalam Keluaran 19:18, "Gunung Sinai ditutupi seluruhnya dengan asap, karena TUHAN turun ke atasnya dalam api; asapnya membubung seperti asap dari dapur, dan seluruh gunung itu gemetar sangat." dan di dalam Bilangan 11:25, "Lalu turunlah TUHAN dalam awan dan berbicara kepada Musa, kemudian diambil-Nya sebagian dari Roh yang hinggap padanya, dan ditaruh-Nya atas ketujuh puluh tua-tua itu. Ketika Roh itu hinggap pada mereka, kepenuhanlah mereka seperti nabi. Tetapi sesudah itu tidak lagi."

Allah tidak terikat oleh perubahan dalam alur waktu. Semua ruang jasmani dan rohani adalah milik-Nya. Tetapi faktanya adalah Ia masih menggunakan jalan rohani untuk turun ke dunia ini. Ia tidak perlu datang melalui jalan rohani, tetapi Ia melakukannya karena tak ingin melanggar aturan keadilan Sendiri.

Walaupun Allah Sendiri ada di sana, manusia daging tak dapat melihat Dia. Tetapi orang-orang yang mata rohaninya terbuka dan yang berkomunikasi dengan Allah dapat melihat

Allah sampai sejauh apa mereka telah masuk ke dalam. Tentu saja, ini bukan untuk bertemu muka dengan muka dengan Allah, tetapi mereka dapat melihat dan merasakan Dia dalam batasan yang diizinkan oleh Allah.

Keluaran 33:11 berkata, „ Dan TUHAN berbicara kepada Musa dengan berhadapan muka seperti seorang berbicara kepada temannya. Tapi ini bukan berarti Musa melihat wajah Allah secara langsung. Itu artinya Allah menunjukkan Diri-Nya kepada Musa dengan cara yang istimewa sehingga Musa tidak mati bahkan setelah melihat kemuliaan Allah. Itu karena Musa lebih lembut dan lebih rendah hati dari siapa pun yang ada di muka bumi ini, dan ia setia dalam semua rumah Allah.

Keluaran 33:18-19 berkata, "Kemudian jawab Musa, 'Perlihatkanlah kiranya kemuliaan-Mu kepadaku."' Tetapi firman-Nya, '„Aku akan melewatkan segenap kegemilangan-Ku dari depanmu dan menyerukan nama TUHAN di depanmu: Aku akan memberi kasih karunia kepada siapa yang Kuberi kasih karunia dan mengasihani siapa yang Kukasihani."'

Tapi dalam Keluaran 33:23, kita dapat memahami bahwa Musa tidak melihat wajah Allah melainkan punggung-Nya. Ia lebih rendah hati dan lemah lembut daripada siapa pun di muka bumi ini dan setia dalam semua rumah Allah, dan bahkan ia tak dapat melihat rupa Allah secara langsung karena keterbatasan tubuh jasmani.

Allah menampakkan Diri kepada Abraham

Dalam Kejadian pasal 18, kita membaca bahwa Abraham melayani tiga orang dengan sebaik mungkin. Ini adalah peristowa ketika Allah Roh Kudus dan dua penghulu malaikat tampil dalam wujud manusia. Allah Roh Kudus adalah satu dengan Allah Bapa, dan Ia dapat tampil dalam wujud manusia dengan mengenakan ruang jasmani yang ia simpan dalam hati-Nya.

Namun, bagaimana bisa dua penghulu malaikat tampil dalam wujud manusia? Mereka tak dapat mengenakan ruang jasmani dengan kemampuan mereka sendiri, tetapi hal itu dimungkinkan karena mereka bersama Allah Roh Kudus dalam ruang Allah Roh Kudus. Tetapi Allah Roh Kudus dan dua penghulu malaikat tampil dalam wujud manusia bukan berarti mereka sama seperti manusia biasa. Hanya saja mereka mengenakan bentuk manusia di luar wujud rohani mereka sehingga wujud rohaninya dapat terlihat di ruang jasmani.

Ketiga laki-laki itu, yaitu Allah Roh Kudus dan kedua penghulu malaikat memakan makanan yang disajikan Abraham bagi mereka (Kejadian 18:8), tetapi cara makan mereka berbeda dari cara makan manusia. Mereka tidak mengunyah dan mencerna makanannya seperti manusia, melainkan begitu mereka makan, makanan itu langsung menghilang ke udara. Ini seperti ketika Tuhan yang dibangkitkan memakan makanan dan makanan itu seperti menyesap dan hilang melalui pernafasan. Tentu saja, mengenakan ruang jasmani untuk beberapa saat tidak sama dengan berada dalam tubuh yang dibangkitkan. Tubuh yang dibangkitkan adalah tubuh fisik di bumi ini yang diubah menjadi tubuh rohani, namun ketiga orang yang mengunjungi Abraham itu, mereka sementara muncul dalam tubuh yang sesuai untuk berada di ruang jasmani seperti yang dibutuhkan.

Alasan mengapa Allah Roh Kudus harus turun ke dunia ini dengan dua penghulu malaikat dngan mengenakan ruang jasmani adalah karena Ia harus melihat Sodom dan Gomora secara langsung. Tentu saja, Ia bisa turun dalam roh untuk melakukannya, tetapi memiliki alasan untuk pergi ke negeri itu dan melihat sendiri.

Dua penghulu malaikat tampil dalam bentuk manusia, dan itulah sebabnya mereka pasti dapat memeriksa betapa berdosanya orang-orang di sana. Orang-orang di sana melihat keelokan dua penghulu malaikat itu dan mencoba berbuat jahat terhadap mereka. Allah Roh Kudus dan dua penghulu malaikat dapat langsung mengalami dan merasakan betapa jahatnya orang-orang Sodom dan Gomora karena mereka muncul dalam bentuk manusia di hadapan mereka.

Kejadian 18:13 berkata, "Lalu berfirmanlah TUHAN kepada Abraham..." Dari ini kita dapat menganggap bahwa yang tampil di hadapan Abraham adalah TUHAN Allah. Tetapi dikatakan bahwa ia melihat tiga laki-laki sehingga kita dapat memahami bagaimana Allah muncul di hadapan Abraham.

Ada beberapa cara di mana Allah muncul di hadapan Abraham. Ia dapat menunjukkan Diri-Nya kepada Abraham dalam mimpi atau penglihatan, atau Ia dapat hanya memberikan suara-Nya. Ini semua adalah cara yang membuka ruang rohani di hadapan Abraham yang ada di alamn jasmani sehingga ia sendiri dapat melihat dan merasakan Allah yang ada di ruang rohani. Dalam hal demikian, manusia dapat melihat Allah dan mendengar suara-Nya hanya ketika mata rohani dan telinga rohaninya dibuka. Jika mata rohani seseorang tidak dibuka, ia tak akan pernah dapat melihat apa yang terjadi dalam roh, bahkan walaupun Allah menyertai dia.

Tetapi ketika Allah tampil bersama dengan dua penghulu malaikat, kasusnya menjadi sama sekali berbeda. Pada saat itu, Allah bukan hanya membuka ruang rohani di alam jasmani untuk membuat Diri-Nya kelihatan di alam jasmani. Itu adalah peristiwa ketika Ia sungguh keluar ke alam jasmani. Walaupun terbatas, Ia mengenakan ruang jasmani dan keluar ke ruang jasmani.

Kalau yang pertama itu seperti meliha gambar Allah di TV, maka yang kedua adalah seperti melihat Allah keluar dari dalam TV. Jika Allah keluar ke ruang jasmani dengan mengenakan ruang jasmani yang terbatas, manusia dapat melihat Dia walaupun mata rohani mereka tidak dibuka, dan bila itu terjadi

Allah dapat dilihat sebagai manusia.

Tuhan dalam wujud kecemerlangan yang kuat

Sekarang, bagaimana penampilan Allah Anak kelihatannya? Kadang-kadang kita mendengar dari orang yang mengatakan bahwa mereka melihat Tuhan dalam mimpi atau penglihatan. Kebanyakan mereka mengatakan bahwa Ia penuh belas kasihan dan kasih, dan itu karena Ia menyingkirkan cahaya-Nya untuk menunjukkan diri-Nya dalam penampilan yang penuh belas kasihan. Jika Ia menunjukkan otoritas dan keagungan ilahi yang setingkat degnan Allah Pencipta, tak seorang pun akan berani melihat langsung ke arah-Nya.

Ini adalah alasannya mengapa kita tak dapat melihat Tuhan di Surga kecuali kita mengejar perdamaian dengan semua orang, dan pengudusan (Ibrani 12:14). Cahaya Tuhan sungguh terlalu kuat. Hanya orang-orang yang masuk ke dalam roh dan ke dalam seluruh roh yang akan dapat melihat Tuhan karena cara tubuh rohani mereka sendiri juga akan kuat.

Rasul Paulus melihat penampilan Tuhan dalam penglihatannya. Ia menggambarkan mata, kaki, dan rambut Tuhan dengan terperinci. Kita juga dapat membayangkan penampilan Allah Bapa dari penggambaran penampilan Tuhan.

Wahyu 1:14-15 berkata, "Kepala dan rambut-Nya putih bagaikan bulu yang putih metah, dan mata-Nya bagaikan nyala api. Dan kaki-Nya mengkilap bagaikan tembaga membara di dalam perapian; suara-Nya bagaikan desau air bah."

Ayat itu mengatakan bahwa rambut Tuhan putih seperti bulu putih metah, dan ini berarti bahwa Ia bebas dari kejahatan, dan Ia berdiri di tengah kebaikan sempurna. Dikatakan bahwa mata-Nya seperti nyala api, tetapi bukan berarti bahwa mata-Nya menakutkan. Itu berarti bahwa mata-Nya menerangi sekitarnya dan membuat orang lain merasa hangat. Itu juga berarti bahwa mata-Nya membakar semua dosa dan kejahatn. Tidak seorang pun dapat bersembunyi dari mata Tuhan, dan segala sesuatu akan disingkapkan dengan jelas di hadapan Dia. Dikatakan bahwa kaki-Nya seperti tembaga yang membara. Semakin Anda memurnikannya, maka tembaga akan semakin murni. Sering kali dalam karya sastra mereka membandingkan mata wanita cantik dengan bintang yang gemerlapan atau bibirnya dengan buah ceri. Demikian juga Yohanes membandingkan kaki Allah dengan perunggu yang berkilap. Kaki adalah bagian tubuh yang dianggap orang paling kotor. Dan Yohanes menulis bahkan kaki Tuhan sangat kudus dan agung.

Wahyu 1:16-17 juga berkata, "...dan wajah-Nya bersinar-sinar bagaikan matahari yang terik. Ketika aku melihat Dia, tersungkurlah aku di depan kaki-Nya sama seperti orang yang mati. Tetapi Ia meletakkan tangan kanan-Nya di atasku, lalu berkata, ',,Jangan takut! Aku adalah Yang Awal dan Yang Akhir...'"

Rasul Yohanes adalah orang kudus dan layak menerima wahyu Allah, tetapi ia menjadi seperti orang mati di hadapan Tuhan. Tuhan menempatkan tangan kanan-Nya atas Yohanes dan menyuruhnya untuk tidak takut. Itu berarti bahwa Tuhan memberinya tugas untuk menulis kitab Wahyu yang akan membangunkan banyak orang di akhir zaman dengan memeteraikannya dengan menumpangkan tangan-Nya. Juga, Tuhanlah yang menghibur Yohanes sehingga ia dapat memenuhi tugasnya dalam damai.

Gambaran Allah dalam Pandangan Rasul Yohanes

Rasul Yohanes melihat tahta Allah dan hal-hal di sekitarnya serta menuliskannya dalam Wahyu pasal 4. Ia melihat peristiwa yang akan berlangsung sangat lama setelah ia menuliskannya. Dalam hal ini, dengan seizin Allah, kita dapat berada di mana saja kapan saja baik itu di masa lalu atau masa depan, melintasi ruang dan waktu. Kita dapat melihat Surga dan Neraka, waktu sebelum Penciptaan, dan juga Pengadilan Tahta Putih Besar yang akan berlangsung di masa depan.

Dalam hal rasul Yohanes, rohnya dipisahkan untuk melihat alam rohani. Di sini pemisahan roh merujuk pada roh seseorang yang keluar dari tubuhnya. Manusia dapat melihat alam rohani melalui penglihatan, tetapi di dalam penglihatan ia hanya dapat melihat sebagian-sebagian. Untuk alasan ini ketika Allah ingin menunjukkan kepada kita gambar yang lebih luas, Ia bekerja melalui pemisahan roh. Lalu, bagaimana bisa rasul Paulus melihat Allah dan tahta-Nya?

Ia telah melalui begitu banyak ujian dan penganiayaan dalam nama Tuhan sampai ia berumur 90 tahun. Ia dilempar ke kuali berisi minyak mendidih, tetapi ia tidak mati oleh pekerjaan Allah. Akhirnya ia diasingkan ke Pulau Patmos. Ia menerima wahyu dari Allah setelah berdoa khusuk di pulau itu. Pada saat itu ia telah dikuduskan sepenuhnya melalui doa-doa yang mendalam dan banyaknya pengujian yang telah ia lalui. Ia menerima wahyu dalam keadaan kudus, dan itulah sebabnya rohnya dapat naik setinggi tahta Allah.

Dalam Wahyu 4:3 ia menggambarkan tahta Allah sebagai berikut

Dan Dia yang duduk di takhta itu nampaknya bagaikan permata yaspis dan permata sardis; dan suatu pelangi melingkungi takhta itu gilang-gemilang bagaikan zamrud rupanya.

Dalam pemeliharaan khusus Allah, Yohanes melihat Allah dan tahta-Nya, tetapi ia tak dapat melihat detail wajah Allah, karena cahaya yang keluar dari wajahnya sangat kuat. Sama seperti kita tak dapat melihat matahari yang bersinar karena cahayanya yang terang, kita juga tak dapat melihat gambar Allah yang merupakan Terang selama kita memiliki kegelapan rohani di dalam kita. Untuk dapat melihat gambar Allah, kita harus membuang kejahatan dan memiliki hati Allah untuk menjadi terang sempurna. Hanya mereka yang dapat masuk ke dalam Kerajan Surga Ketiga atau di atasnya yang dapat melihat gambar Allah.

Roh Yohanes naik ke tahta Allah tetapi ia tak dapat melihat bentuk sesungguhnya dari wajah Allah. Jadi, ia mengatakan bahwa Allah tampak seperti peermata yaspis dan permata sardis.

'Seperti permata yaspis berarti ada berbagai macam cahaya yang memancar dari Allah. Jika Anda menyinari yaspis dengan cahaya, batu mulia itu akan memantulkan berbagai jenis cahaya indah, dan demikian juga ada banyak macam cahaya keluar dari Allah. Yaspis juga memiliki makna 'kemurnian, bebas dari cela, jujur, dan saleh'. Rasul Yohanes menggambarkan Allah dengan membandingkan Dia dengan batu mulia mahal yang dianggap orang berharga di dunia ini.

'Sama seperti permata sardis melambangkan Allah yang terang dan cemerlang, dan Ia indah seperti nyala api. Sardis yang berwarna kemerahan, mengandung cahaya Roh Kudus yang ada dalam Allah. Allah Bapa dan Allah Roh Kudus adalah satu, dan cahaya yang Roh Kudus simpan juga dapat ditemukan dalam Allah Bapa. Karenanya, warna yaspis dan sardis umumnya ditemukan dalam semua Tritunggal.

'Pelangi melambangkan janji (Kejadian 9:12-13). Allah menunjukkan sebuah pelangi sebagai tanda janji-Nya bahwa Ia tak akan pernah lagi menghukum umat manusia setelah air bah Nuh. Yohanes membandingkan bentuk pelangi yang melingkari tahta Allah dan cahaya yang keluar darinya dengan zamrud. Ia menyamakan warna-warna dan cahaya pelangi dengna zamrud dalam keterbatasan pengetahuannya.

Zamrud melambangkan keteguhan, ketegasan, dan kekuatan Allah. Dalam pertunjukan laser kita melihat cahaya-cahay berbeda yang menonjol di saat yang berbeda. Warna cahaya yang berbeda tampil dalam urutan, atau bergabung bersama untuk menciptakan adegan yang lebih megah. Ketika orang-orang melihat pertunjukan ini, masing-masing akan mengungkapkan cahayanya dengan berbeda. Beberapa orang mungkin fokus pada beberapa warna khusus, sementara yang lainnya mencoba menjelaskan warna-warna campuran dengan suatu contoh.

Rasul Yohanes juga melihat cahaya keluar dari Allah, tahta Allah, dan cahaya berbagai warna keluar dari pelangi dan melingkarinya, dan ia mengungkapkan mereka dengan contoh batu mulia. Sangat sulit untuk mengungkapkan keindahan Surga dengan contoh benda-benda dunia. Karenanya, kita jangan hanya menganggap bahwa cahaya yang keluar dari Allah dan tahta-Nya seperti dua batu mulia saja, tetapi cobalah rasakan keindahan cahaya berwarna-warni itu dalam inspirasi dari Roh Kudus..

Ambil Bagian dalam Kodrat Ilahi

Di langit kempat Allah ada sebagai cahaya yang mengandung suara berdenting dalam cahaya itu. Itu adalah tempat yang memiliki cahaya paling kuat dan warna paling indah di luar bayangan perbandingan siapa pun. Misteri dan kejernihan cahaya Allah mula-mula mengisi seluruh ruang itu. Ini tak dapat dibandingkan dengan apa pun di bumi ini dengan bahasa manusia mana pun. Jika seseorang masuk ke dalam ruang itu, ia dapat melihat cahaya Allah yang misterius dan kelapangan hati-Nya. Hanya sedikit orang-orang pilihan yang telah mengusahakan ruang yang sama dandimensi hati dengan hati Allah yang dapat masuk ke dalam ruang itu dengan seizin Allah. Jika ada orang yang tidak layak masuk ke dalam ruang itu masuk, maka rohnya akan tercabik dan menghilang.

Kita menjadi satu hati dengan Allah jika kita masuk ke dalam dimensi terang sempurna sebagai anak-anak Terang. Kemudian, segala sesuatu akan terjadi sebagaimana kita inginkan di dalam hati kita, dan kita dapat menunjukkan kuasa Allah yang tak terbayangkan. Untuk dapat melakukan ini, kita harus memulihkan gambar Allah yang hilang dan memiliki hati Allah. Kita dapat berkomunikasi dengan Allah sampai sejauh mana kita membuang semua bentuk kejahatan dan menyelesaikan seluruh roh untuk menjadi terang sempurna. Begitu kita mencapai tahap ini, kita akan menerima segala yang kita minta dalam doa, dan kita jjuga akan ada dalam posisi yang tinggi dalam kerjaan surga.

Menurut sejauh mana kita mencapai kekudusan dan menyerupai hati Allah, kita dapat memanfaatkan ruang Allah melampaui batasan manusia, dan kita juga dapat melihat gambaran Allah. Musa melihat gambaran Allah karena ia adalah manusia yang berhati paling lembut di seluruh muka bumi dan ia setia dalam semua rumah Allah. Abraham melihat Allah yang turun ke dunia ini dalam wujud jasmani, karena ia sangat dekat dengan terang yang sempurna.

Allah memiliki rencana bagi pengusahaa manusia untuk memperoleh anak-anak sejati, dan Ia mengisi kita dengan segala sesuatu yang berisi hidup dan iman dengan kuasa-Nya yang ajaib. Karenanya, kita harus mencoba untuk jangan menjadi orang yang tak berguna atau tak berbuah dalam pengetahuan kita akan Tuhan kita Yesus Kristus. Kita dapat berdiri teguh pada panggilan dan pilihan Allah saat kita dalam iman kita menghasilkan keunggulan moral, dan dalam keunggulan moral kita, pengetahuan, dan dalam pengetahuan kita, pengendalian-diri, dan dalam pengendalian-diri kita, ketekunan, dan dalam ketekunan kita, iman, dan dalam iman kita, kebaikan persaudaraan, dan dalam kebaikan persaudaraan kita, kasih.

2 Petrus 1:3-4 berkata, "...karena kuasa ilahi-Nya telah menganugerahkan kepada kita segala sesuatu yang berguna

untuk hidup yang saleh oleh pengenalan kita akan Dia, yang telah memanggil kita oleh kuasa-Nya yang mulia dan ajaib. Dengan jalan itu Ia telah menganugerahkan kepada kita janji-janji yang berharga dan yang sangat besar, supaya olehnya kamu boleh mengambil bagian dalam kodrat ilahi, dan luput dari hawa nafsu duniawi yang membinasakan dunia."

Agar kita dapat ambil bagian dalam kodrat ilahi yaitu kita harus menyempurnakan terang sempurna yang cukup baik untuk diserap oleh terang Allah. Dengan begini kita dapat memiliki kualifikasi untuk masuk ke dalam ruang Allah. Ini adalah untuk ambil bagian dalam kodrat ilahi jika kita mencapai terang yang mirip dengan terang sempurna Allah dan maju ke dalam ruang tempat tinggal Allah mula-mula. Sekarang, apa yang harus kita lakukan untuk ambil bagian dalam kodrat ilahi?

Pertama, kita harus mengusahakan hati roh yang sempurna.

Kita harus menjadi satu dengan Allah yang merupakan roh, dan dengan demikian kita harus mengusahakan hati roh yang sempurna. Jika kita memiliki segala bentuk kejahatan, pikiran kedagingan, atau kerangka pemikiran kita sendiri, maka kita tak dapat ambil bagiand alam kodrat ilahi. Kita harus membuang segala jenis kejahatan (1 Tesalonika 5:22) dan segala pemikiran kedagingan (Roma 8:6) untuk memiliki hati roh.

Memiliki hati roh berarti kita harus memiliki hati rohani yang sejati dan tulus yang Allah ingin agar kita miliki. Baru setelah memiliki hati yang demikian kita dapat memahami apa yang Allah, Tuhan, dan Roh Kudus sungguh inginkan. Yesus datang ke dunia ini dan mengalami kelaparan, kesedihan, kelelahan, dan rasa sakit. Ia melakukan Firman Allah dan memenuhi Hukum Taurat dengan kasih.

Walaupun Ia mengalami begitu banyak rasa sakit karena memiliki tubuh manusia, Ia masih tetap mengikuti kehendak

Allah. Ia tidak bertengkar atau meninggikan suaranya, tetapi memenuhi kehendak Allah sepenuhnya dengan mengorbankan diri-Nya Sendiri. Karenanya, kita tidak boleh memberi alasan dengan mengatakan bahwa manusia itu lemah. Kita harus ambil bagian dalam kodrat ilahi dengan membuang segala bentuk dosa dan kejahatan dan memiliki tindakan yang saleh dan hati yang saleh.

Hati seperti apakah yang Anda miliki? Saya menjelaskan kualifikasi yang harus kita miliki untuk masuk ke dalam ruang cahaya, dan dengan kualifikasi itu kita dapat memeriksa diri kita. Kita dapat memeriksa sampai sejauh mana kita telah membuang pekerjaan daging, hal-hal kedagingan, dan kejahatan, dan sampai sejauh mana kita telah mengusahakan jenis kebaikan yang Allah inginkan; seberapa banyak kita mengasihi Allah dari dalam hati kita, dan mengeluarkan aroma kebaikan; dan sampai sejauh mana kita menghasilkan kesembilan buah Roh Kudus dan buah Kasih (Beautitude).

Mengenai memiliki damai, misalnya jika kita bisa berdamai dengan semua orang, itu berarti kita memiliki hati roh, kita dekat dengan terang Tuhan, dan kita mengambil bagian dalam kodrat ilahi sampai ke tahap yang sama. Kita dapat mengatakan bahwa kita memiliki hati roh yang sempurna hanya ketika kita menghasilkan buah-buah Roh Kudus, kasih rohani yang ditemukan dalam 1 Korintus 13, buah-buah Kasih (Beatitude), dan buah Terang, bukan hanya 50% atau 60%, melainkan 100%.

Kedua, kita harus berdoa dengan inspirasi Roh Kudus.

Allah tidak menginginkan aroma doa yang dilakukan karena rasa kewajiban. Ia ingin agar kita berdoa sungguh-sungguh untuk mengusahakan hati Allah. Manusia mungkin berdoa untuk jangka waktu yang sama tetapi aroma hatinya berbeda dari orang ke orang. Ada yang puas hanya dengan mengisi jatah doa harian sementara orang lain bahkan tidak sadar waktu berlalu ketika mereka berdoa, karena mereka sangat senang berdoa di hadapan Allah untuk mengubah diri mereka dengan kasih mereka kepada-Nya.

Kita seharunya menunjukkan pekerjaan alam rohani do alam jasmani ini. Untuk dapat melakukannya kita harus menerima kekuatan dan kuasa dari Allah yang tinggal dalam ruang rohani. Karenanya, doa-doa kita harus dipersembahkan bukan hanya dengan rasa kewajiban. Allah ingin agar kita berdoa dengan segenap hati kita karena kita mengasihi Dia.

Untuk menerima kuasa dari Allah, kita harus mempersembahkan doa rohani yang dapat menembus melalui ruang jasmani dan membuka ruang rohani. Untuk dapat melakukan ini kita tidak boleh berdoa kapan saja kita inginkan atau dengan pikiran kosong. Doa yang demikian tak dapat menembus alam jasmani. Doa-doa itu hanya akan terbuang. Allah tak dapat digerakkan oleh doa-doa yang sedemikian. Jika anak-anak Anda dengan keras kepala meminta Anda untuk memberikan hanya apa yang mereka inginkan karena kerakusan mereka, bagaimana perasaan Anda sebagai orangtua? Mungkin Anda akan merasa kecewa.

1 Korintus 2:10 berkata, "Karena kepada kita Allah telah menyatakannya oleh Roh, sebab Roh menyelidiki segala sesuatu, bahkan hal-hal yang tersembunyi dalam diri Allah." Kita harus berdoa oleh inspirasi Roh Kudus yang ada di dalam hati kita. Kemudian, kita akan dapat berdoa untuk hal-hal yang baik menurut kehendak Allah, dan kita juga akan mengerti apa yang harus dilakukan. Kita akan dapat membuka gerbang ruang rohani dan memiliki komunikasi dengan Allah yang ada dalam dimensi rohani karena kita akan bersatu dengan Roh Kudus dalam diri kita.

Ketiga, kita harus mengasihi dan menerima setiap orang dengan kemurahan hati yang tulus

Hati roh yang menyerupai hati Allah sudah mengandung kasih dan kemurahan, tetapi saya menaruh penekanan atas kasih dan kemurahan sekali lagi. Ini karena kita harus dapat mengasihi setiap orang di sekitar kita karena kita mengasihi Allah, dan kita harus memiliki hati yang lapang dan kemurahan hati untuk dapat menerima setiap orang. Kita harus dipenuhi oleh kasih dan kemurahan dan merawat semua oragn di sekitar kita yang mengalami kesulitan atau semakin lemah. Hati Allah sangat luas di luar bayangan, tetapi Ia sangat lembut dan penyayang sehingga Ia memperhatikan anak-anak yatim dan para janda, serta orang-orang yang terabaikan.

Ketika kita memperhatikan bahkan hal kecil dengan kasih dan membangun orang lain dengna kemurahan kita, ini sama seperti ambil bagian dalam kodrat ilahi. Kita harus menyadari diri kita sendiri dan berubah melalui Firman Allah untuk ambil bagian dalam kodrat ilahi.

Ketika kita memiliki hati terang yang penuh dan ambil bagian dalam kodrat ilahi, seperti yang sebelumnya telah saya jelaskan, kita dapat masuk ke dalam ruang terang dan ruang Allah. Jika kita masuk ke dalam ruang Allah, kita akan dapat melihat cahaya khusus dari ruang itu. Kita juga akan merasakan hati Allah yang demikian besar dan luas. Terlebih lagi, walaupun tubuh jasmani kita ada dalam ruang jasmani, kita akan menggunakan ruang Allah yang kita miliki dalam hati kita untuk memanifestasikan hal-hal luar biasa sedemikian yang di luar pemahaman manusia.

1 Yohanes 1:5 berkata, "Dan inilah berita, yang telah kami dengar dari Dia, dan yang kami sampaikan kepada kamu: Allah

adalah terang dan di dalam Dia sama sekali tidak ada kegelapan." Jika kita tinggal dalam terang sempurna Allah, itu berarti bahwa kita memiliki satu hati dengan Allah, dan apa pun yang kita inginkan dalam hati akan terjadi, dan kita akan melakukan kuasa hebat yang tak dapat dibayangkan manusia.

Saya berdoa dalam nama Tuhan agar Anda semua akan memiliki kualifikasi demikian supaya Anda akan menikmati di dunia ini sgala berkat yang dinikmati Abraham, dan masuk ke dalam posisi paling mulia di Surga, ruang cahaya kekal.

Penulis:
Dr. Jaerock Lee

Dr. Jaerock Lee dilahirkan di Muan, Propinsi Jeonnam, Republik Korea, pada tahun 1943. Pada umur dua puluhan, Dr. Lee menderita berbagai penyakit yang tidak tersembuhkan selama tujuh tahun dan menunggu kematian tanpa ada harapan untuk pulih. Pada suatu hari di musim semi tahun 1974, ia dibawa ke gereja oleh saudara perempuannya dan saat ia berlutut untuk berdoa, Allah yang Hidup menyembuhkannya dari semua penyakit.

Mulai saat itu Dr. Lee bertemu dengan Allah yang Hidup melalui pengalaman yang menakjubkan itu, ia telah mengasihi Allah dengan segenap hati dan keikhlasan, dan pada tahun 1978 ia dipanggil untuk menjadi pelayan Allah. Ia berdoa dengan sangat sehingga ia dapat memahami kehendak Allah dan melakukan sepenuhnya, dan menaati semua firman Allah. Pada tahun 1982, ia mendirikan Gereja Pusat Manmin di Seoul, Korea, dan tidak terhitung pekerjaan Allah, termasuk keajaiban dan penyembuhan mukjizat, telah terjadi di gerejanya.

Pada tahun 1986, Dr. Lee ditahbiskan sebagai pendeta pada Pertemuan Tahunan dari Gereja Sungkyul Yesus di Korea, dan empat tahun kemudian yaitu pada tahun 1990, khotbahnya mulai disiarkan ke Australia, Rusia, Filipina, dan banyak negara lain melalui Far East Broadcasting Company, Asia Broadcast Station, dan Washington Christian Radio System.

Tiga tahun kemudian yaitu pada tahun 1993, Gereja Pusat Manmin dipilih sebagai satu dari "50 Gereja Terkemuka" oleh Christian World magazine (AS) dan ia menerima Doktor Kehormatan Teologia dari Christian Faith College, Florida, AS, dan pada tahun 1996 sebuah gelar Ph. D. dalam Pelayanan dari Kingsway Theological Seminary, Iowa, AS.

Sejak tahun 1993, Dr. Lee telah mempimpin misi dunia melalui banyak Kebaktian Kebangunan Rohani (KKR) luar negeri di AS, Tanzania, Uganda, Jepang, Pakistan, Kenya, Filipina, Honduras, India, Rusia, Jerman, dan Peru. Pada tahun 2002, ia disebut "pendeta seluruh dunia" oleh koran-koran Kristen utama di Korea untuk pekerjaannya dalam berbagai KKR Gabungan Akbar di luar negeri

Pada bulan Juni 2009, Gereja Manmin Pusat memiliki kongregasi dengan jumlah jemaat lebih dari seratus ribu orang. Ada delapan ribu gereja cabang domestik dan luar negeri di seluruh dunia, dan sejauh ini telah mengirimkan 132 misionaris ke 25 negara, termasuk Amerika Serikat, Rusia, Jerman, Kanada, Jepang, Cina, Perancis, India, Kenya, dan banyak lagi.

As of the date of this publishing, Dr. Lee has written 56 books, including bestsellers Tasting Eternal Life before Death, My Life My Faith I & II, The Message of the Cross, The Measure of Faith, Heaven I & II, Hell, and The Power of God.Pada saat penerbitan buku ini, Dr. Lee telah menulis 56 buku, termasuk buku-buku laris Merasakan Kehidupan Kekal sebelum Kematian, Hidupku Imanku I & II, Pesan Salib, Ukuran Iman, Surga I & II, Neraka, dan Kuasa Allah. Tulisan-tulisannya telah diterjemahkan ke dalam lebih dari empat puluh bahasa.

Saat ini Dr. Lee adalah pemimpin dari banyak organisasi dan asosiasi misi termasuk: Ketua dari The United Holiness Church of Korea, Presiden dari The Nation Evangelization Newspaper, Presiden dari Manmin World Mission, Pendiri dari Manmin TV, Pendiri dan Ketua Dewan dari Global Christian Network (GCN), Pendiri dan Ketua Dewan dari The World Christian Doctors Network (WCDN), serta Pendiri dan Ketua Dewan dari Manmin International Seminary (MIS).

www.ingramcontent.com/pod-product-compliance
Lightning Source LLC
LaVergne TN
LVHW010430230826
846092LV00009BA/1111
* 9 7 9 1 1 2 6 3 1 3 3 5 8 *